华夏文明之源

敦｜煌｜文｜化

DUOCAI FENGQING

多彩风情

甘肃民俗

封 尘 / 著

甘肃教育出版社

图书在版编目（CIP）数据

多彩风情：甘肃民俗 / 封尘著. -- 兰州：甘肃教
育出版社，2015.3（2019.5重印）
ISBN 978-7-5423-3134-2

Ⅰ. ①多… Ⅱ. ①封… Ⅲ. ①风俗习惯—介绍—甘肃
省 Ⅳ. ①K892.442

中国版本图书馆CIP数据核字(2015)第045262号

多彩风情——甘肃民俗

封尘 著

责任编辑 牛文斌 孙宝岩
美术编辑 马吉庆

出 版 甘肃教育出版社
社 址 兰州市读者大道568号 730030
网 址 www.gseph.cn E-mail gseph@duzhe.cn
电 话 0931-8773145（编辑部） 0931-8435009（发行部）
传 真 0931-8773056
淘宝官方旗舰店 http://shop111038270.taobao.com

发 行 甘肃教育出版社 印 刷 河北画中画印刷科技有限公司
开 本 787毫米×1092毫米 1/16 印 张 21.25 插 页 2 字 数 280千
版 次 2015年3月第1版
印 次 2019年5月第3次印刷
印 数 7 001~17 000
书 号 ISBN 978-7-5423-3134-2 定 价 68.00元

華夏文明之源

《华夏文明之源·历史文化丛书》

编　委　会

主　　任：连　辑

副 主 任：张建昌

委　　员（以姓氏笔画为序）：

马永强　王正茂　王光辉

刘铁巍　张先堂　张克非

张　兵　李树军　杨秀清

赵　鹏　彭长城　雷恩海

策　　划：马永强　王正茂

总　序

华夏文明是世界上最古老的文明之一。甘肃作为华夏文明和中华民族的重要发祥地，不仅是中华民族重要的文化资源宝库，而且参与谱写了华夏文明辉煌灿烂的篇章，为华夏文明的形成和发展做出了重要贡献。甘肃长廊作为古代西北丝绸之路的枢纽地，历史上一直是农耕文明与草原文明交汇的锋面和前沿地带，是民族大迁徙、大融合的历史舞台，不仅如此，这里还是世界古代四大文明的交汇、融合之地。正如季羡林先生所言："世界上历史悠久、地域广阔、自成体系、影响深远的文化体系只有四个：中国、印度、希腊、伊斯兰，再没有第五个；而这四个文化体系汇流的地方只有一个，就是中国的敦煌和新疆地区，再没有第二个。"因此，甘肃不仅是中外文化交流的重要通道、华夏的"民族走廊"（费孝通）和中华民族重要的文化资源宝库，而且是我国重要的生态安全屏障、国防安全的重要战略通道。

自古就有"羲里""娲乡"之称的甘肃，是相传

中的人文始祖伏羲、女娲的诞生地。距今 8000 年的大地湾文化，拥有
6 项中国考古之最：中国最早的旱作农业标本、中国最早的彩陶、中国
文字最早的雏形、中国最早的宫殿式建筑、中国最早的"混凝土"地
面、中国最早的绘画，被称为"黄土高原上的文化奇迹"。兴盛于距今
4000—5000 年之间的马家窑彩陶文化，以其出土数量最多、造型最为
独特、色彩绚丽、纹饰精美，代表了中国彩陶艺术的最高成就，达到了
世界彩陶艺术的巅峰。马家窑文化林家遗址出土的青铜刀，被誉为"中
华第一刀"，将我国使用青铜器的时间提早到距今 5000 年。从马家窑文
化到齐家文化，甘肃成为中国最早从事冶金生产的重要地区之一。不仅
如此，大地湾文化遗址和马家窑文化遗址的考古还证明了甘肃是中国旱
作农业的重要起源地，是中亚、西亚农业文明的交流和扩散区。"西北
多民族共同融合和发展的历史可以追溯到甘肃的史前时期"，甘肃齐家
文化、辛店文化、寺洼文化、四坝文化、沙井文化等，是"氐族、西戎
等西部族群的文化遗存，农耕文化和游牧文化在此交融互动，形成了多
族群文化汇聚融合的格局，为华夏文明不断注入新鲜血液"（田澍、雍
际春）。周、秦王朝的先祖在甘肃创业兴邦，最终得以问鼎中原。周先
祖以农耕发迹于庆阳，创制了以农耕文化和礼乐文化为特征的周文化；
秦人崛起于陇南山地，将中原农耕文化与西戎、北狄等族群文化交融，
形成了农牧并举、华戎交汇为特征的早期秦文化。对此，历史学家李学
勤认为，前者"奠定了中华民族的礼仪与道德传统"，后者"铸就了中
国两千多年的封建政治、经济和文化格局"，两者都为华夏文明的发展
产生了决定性的影响。

自汉代张骞通西域以来，横贯甘肃的"丝绸之路"成为中原联系西
域和欧、亚、非的重要通道，在很长一个时期承担着华夏文明与域外文
明交汇、融合的历史使命。东晋十六国时期，地处甘肃中西部的河西走

廊地区曾先后有五个独立的地方政权交相更替，凉州（今武威）成为汉文化的三个中心之一，"这一时期形成的五凉文化不仅对甘肃文化产生过深刻影响，而且对南北朝文化的兴盛有着不可磨灭的功绩"（张兵），并成为隋唐制度文化的源头之一。甘肃的历史地位还充分体现在它对华夏文明存续的历史贡献上，历史学家陈寅恪在《隋唐制度渊源略论稿》中慨叹道："西晋永嘉之乱，中原魏晋以降之文化转移保存于凉州一隅，至北魏取凉州，而河西文化遂输入于魏，其后北魏孝文宣武两代所制定之典章制度遂深受其影响，故此（北）魏、（北）齐之源其中亦有河西之一支派，斯则前人所未深措意，而今日不可不详论者也。""秦凉诸州西北一隅之地，其文化上续汉、魏、西晋之学风，下开（北）魏、（北）齐、隋、唐之制度，承前启后，继绝扶衰，五百年间延绵一脉"，"实吾国文化史之一大业"。魏晋南北朝民族大融合时期,中原魏晋以降的文化转移保存于江东和河西（此处的河西指河西走廊，重点在河西，覆盖甘肃全省——引者注），后来的河西文化为北魏、北齐所接纳、吸收，遂成为隋唐文化的重要来源。因此，在华夏文明曾出现断裂的危机之时，河西文化上承秦汉下启隋唐，使华夏文明得以延续，实为中华文化传承的重要链条。隋唐时期，武威、张掖、敦煌成为经济文化高度繁荣的国际化都市，中西方文明交汇达到顶峰。自宋代以降，海上丝绸之路兴起，全国经济重心遂向东、向南转移，西北丝绸之路逐渐走过了它的繁盛期。

"丝绸之路三千里，华夏文明八千年。"这是甘肃历史悠久、文化厚重的生动写照，也是对甘肃历史文化地位和特色的最好诠释。作为华夏文明的重要发祥地，这里的历史文化累积深厚，和政古动物化石群和永靖恐龙足印群堪称世界瑰宝，还有距今8000年的大地湾文化、世界艺术宝库——敦煌莫高窟、被誉为"东方雕塑馆"的天水麦积山石窟、藏传佛教格鲁派六大宗主寺之一的拉卜楞寺、"天下第一雄关"嘉峪关、"道教名山"崆峒山以及西藏归属中央政府直接管理历史见证的武威白塔寺、中国旅游标志——武威出土的铜奔马、中国邮政标志——嘉峪关出土的"驿使"等等。这里的民族民俗文化绚烂多彩，红色文化星罗棋布，是国家 12 个重点红色旅游省区之一。现代文化闪耀夺目，《读者》杂志被誉为"中国人的心灵读本"，舞剧《丝路花雨》《大梦敦煌》成为中华民族舞剧的"双子星座"。中华民族的母亲河——黄河在甘肃境内蜿蜒 900 多公里，孕育了以农耕和民俗文化为核心的黄河文化。甘肃的历史遗产、经典文化、民族民俗文化、旅游观光文化等四类文化资源丰度排名全国第五位，堪称中华民族文化瑰宝。总之，在甘肃这片古老神奇的土地上，孕育形成的始祖文化、黄河文化、丝绸之路文化、敦煌文化、民族文化和红色文化等，以其文化上的混融性、多元性、包容性、渗透性，承载着华夏文明的博大精髓，融汇着古今中外多种文化元素的丰富内涵，成为中华民族宝贵的文化传承和精神财富。

甘肃历史的辉煌和文化积淀之深厚是毋庸置疑的，但同时也要看到，甘肃仍然是一个地处内陆的西部欠发达省份。如何肩负丝绸之路经济带建设的国家战略、担当好向西开放前沿的国家使命？如何充分利用国家批复的甘肃省建设华夏文明传承创新区这一文化发展战略平台，推动甘肃文化的大发展大繁荣和经济社会的转型发展，成为甘肃面临的新的挑战和机遇。目前，甘肃已经将建设丝绸之路经济带"黄金段"与建设华夏文明传承创新区统筹布局，作为探索经济欠发达但文化资源富集地区的发展新路。如何通过华夏文明传承创新区的建设使华夏的优秀文化传统在现代语境中得以激活，成为融入现代化进程的"活的文化"，华夏文明的传承保护与创新，实际上是我国在走向现代化过程中如何对待传统文化的问题。华夏文明传承创新区的建设能够缓冲迅猛的社会转型对于传统文化的冲击，使传统文化在保护区内完成传承、发展和对现代化的适应，最终让传统文化成为中国现代化进程中的"活的文化"。因此，华夏文明传承创新区的建设原则应该是文化与生活、传统与现代的深度融合，是传承与创新、保护与利用的有机统一。要激发各族群众的文化主体性和文化创造热情，抓住激活文化精神内涵这个关键，真正把传承与创新、保护与发展体现在整个华夏文明的挖掘、整理、传承、展示和发展的全过程，实现文化、生态、经济、社会、政治等统筹兼顾、协调发展。华夏文化是由我国各族人民创造的"一体多元"的文化，形式是多样的，文化发展的谱系是多样的，文化的表现形式也是多样的，因此，要在理论上深入研究华夏文化与现代文化、与各民族文化之间的关系以及华夏文化现代化的自身逻辑，让各族文化在符合自身逻辑的基础上实现现代化。要高度重视生态环境保护和文化生态保护的问题，在华夏文明传承创新区中设立文化生态保护区，实现文化传承保护的生态化，避免文化发展的"异化"和过度开发。坚决反对文化保护上的两种极端倾向：为了保护而保护的"文化保护主义"和一味追求经济利益、忽视文化价值实现的"文化经济主义"。在文化的传承创新中要清醒地认识到，华夏传统文化具有不同层次、形式各样的价值，建立华夏文明传承创新区不是在中华民族现代化的洪流中开辟一个"文化孤岛"，而是通过传承创新的方式争取文化发展的有利条件，使华夏文化能够在自身特性的基础上，按照自身的文化发展逻辑实现现代化。要以社会主义核心价值体系来总摄、整合和发展华夏文化的内涵及其价值观念，使华夏的优秀文化传统在现代语境中得到激活，尤其是文化精神内涵得到激活。这是对华夏文明传承创新的理性、科学的文化认知与文化发展观，这是历史意识、未来眼光和对现实方位准确把握的充分彰显。我们相信，立足传承文明、创新发展的新起点，随着建设丝绸之路经济带国家战略的推进，甘肃一定会成为丝绸之路经济带的"黄金段"，再次肩负起中国向西开放前沿的国家使命，为中华文明的传承、创新与传播谱写新的壮美篇章。

正是在这样的历史背景下，读者出版传媒股份有限公司策划出版了这套《华夏文明之源·历史文化丛书》。"丛书"以全新的文化视角和全球化的文化视野，深入把握甘肃与华夏文明史密切相关的历史脉络，充分挖掘甘肃历史进程中与华夏文明史有密切关联的亮点、节点，以此探寻文化发展的脉络、民族交融的驳杂色彩、宗教文化流布的轨迹、历史演进的关联，多视角呈现甘肃作为华夏文明之源的文化独特性和杂糅性，生动展示绚丽甘肃作为华夏文明之源的深厚历史文化积淀和异彩纷呈的文化图景，形象地书写甘肃在华夏文明史上的历史地位和突出贡献，将一个多元、开放、包容、神奇的甘肃呈现给世人。

按照甘肃历史文化的特质和演进规律以及与华夏文明史之间的关联，"丛书"规划了"陇文化的历史面孔、民族与宗教、河西故事、敦煌文化、丝绸之路、石窟艺术、考古发现、非物质文化遗产、河陇人物、陇右风情、自然物语、红色文化、现代文明"等13个板块，以展示和传播甘肃丰富多彩、积淀深厚的优秀文化。"丛书"将以陇右创世神话与古史传说开篇，让读者追寻先周文化和秦早期文明的遗迹，纵览史不绝书的五凉文化，云游神秘的河陇西夏文化，在历史的记忆中描绘华夏文明之源的全景。随"凿空"西域第一人张骞，开启"丝绸之路"文明，踏入梦想的边疆，流连于丝路上的佛光塔影、古道西风，感受奔驰的马蹄声，与行进在丝绸古道上的商旅、使团、贬谪的官员、移民擦肩而过。走进"敦煌文化"的历史画卷，随着飞天花雨下的佛陀微笑在沙漠绿洲起舞，在佛光照耀下的三危山，一起进行千佛洞的千年营建，一同解开藏经洞封闭的千年之谜。打捞"河西故事"的碎片，明月边关的诗歌情怀让人沉醉，遥望远去的塞上烽烟，点染公主和亲中那历史深处的一抹胭脂红，更觉岁月沧桑。在"考古发现"系列里，竹简的惊世表情、黑水国遗址、长城烽燧和地下画廊，历史的密码让心灵震撼；寻迹石上，在碑刻摩崖、彩陶艺术、青铜艺术面前流连忘返。走进莫高窟、马蹄寺石窟、天梯山石窟、麦积山石窟、炳灵寺石窟、北石窟寺、南石窟寺，沿着中国的"石窟艺术"长廊，发现和感知石窟艺术的独特魅力。从天境——祁连山走入"自然物语"系列，感受大地的呼吸——沙的世界、丹霞地貌、七一冰川，阅读湿地生态笔记，倾听水的故事。要品味"陇右风情"和"非物质文化遗产"的神奇，必须一路乘坐羊皮筏子，观看黄河水车与河道桥梁，品尝牛肉面的兰州味道，然后再去神秘的西部古城探幽，欣赏古朴的陇右民居和绮丽的服饰艺术；另一路则要去仔细聆听来自民间的秘密，探寻多彩风情的民俗、流光溢彩的民间美术、妙手巧工的传统技艺、箫管曲长的传统音乐、霓裳羽衣的传统舞蹈。最后的乐章属于现代，在"红色文化"里，回望南梁政权、哈达铺与榜罗镇、三军会师、西路军血战河西的历史，再一次感受解放区妇女封芝琴（刘巧儿原型）争取婚姻自由的传奇；"现代文明"系列记录了共和国长子——中国石化工业的成长记忆、中国人的航天梦、中国重离子之光、镍都传奇以及从书院学堂到现代教育，还有中国舞剧的"双子星座"。总之，"丛书"沿着华夏文明的历史长河，探究华夏文明演变的轨迹，力图实现细节透视和历史全貌展示的完美结合。

读者出版传媒股份有限公司以积累多年的文化和出版资源为基础，集省内外文化精英之力量，立足学术背景，采用叙述体的写作风格和讲故事的书写方式，力求使"丛书"做到历史真实、叙述生动、图文并茂，融学术性、故事性、趣味性、可读性为一体，真正成为一套书写"华夏文明之源"暨甘肃历史文化的精品人文读本。同时，为保证图书内容的准确性和严谨性，编委会邀请了甘肃省丝绸之路与华夏文明传承发展协同创新中心、兰州大学以及敦煌研究院等多家单位的专家和学者参与审稿，以确保图书的学术质量。

《华夏文明之源·历史文化丛书》编委会

2014 年 8 月

目
录

Contents

《非物质文化遗产》丛书序

随着改革开放的不断深入和我国 2004 年成为联合国《保护非物质文化遗产公约》的缔约国，中国政府也因此承担了相应的保护文化多样性的国际义务。在这个时代背景下，我国的非物质文化遗产保护工作，近十年来取得了前所未有的巨大成果，比如，各级名录体系的建立、保护传承机制的不断完善、《中华人民共和国非物质文化遗产法》的颁布等等。这些成果的取得不但是我国乘改革开放的东风在文化遗产保护方面与国际接轨的具体表现，而且从根本上纠正了我国长期以来对民族民间传统活态文化的轻视以及在政策方面的疏漏，在国民中逐步树立起了科学的文化遗产保护理念，极大地提升了人们的文化自觉意识。非物质文化遗产保护工作的大力开展，也可以说是我国在社会转型的关键时刻（从传统农业社会向现代工业社会转型）对濒危民间活态传统文化遗产的大规模抢救运动，其重要性和长远意义是不言而喻的。

我们甘肃省是非物质文化遗产的大省，近十年来，在非物质文化遗产保护工作方面也取得了引人注目的成果。到 2013 年 6 月为止，已有 333 个非物质文化遗产项目被纳入省级代表性项目名录，其中 68 项被选入国家级代表性项目名录；有 450 个传承人被认定为省级代表性传承人，其中 41 人同时被认定为国家级代表性传承人；由我省申报的"花儿"也于 2009 年 9 月被联合国教科文组织批准，进入了"人类非物质文化遗产代表性项目名录"。这都是全省非物质文化遗产工作者共同努力的结果，值得热烈庆贺，也值得大书特书。近年来，我省有的市、县还出版了一批反映当地非物质文化遗产保护工作成果的书籍，反映了基层非物质文化遗产保护工作者和研究者的积极性和责任感，值得充分肯定。但因为是各自为政，缺乏宏观视野和统一规划，只能通过它们了解局部情况，很难从中看出全省非物质文化遗产保护工作的整体面貌。现在好了，由甘肃省非物质文化遗产保护中心长期从事非物质文化遗产保护工作的封尘同志编著的甘肃"非物质文化遗产丛书"，将作为"华夏文明之源丛书"的组成部分之一陆续出版。这套丛书将全面反映甘肃非物质文化遗产资源面貌及保护传承现状。

甘肃"非物质文化遗产丛书"具有以下几个特点：首先，它是对十年来甘肃全省非物质文化遗产保护工作成果的全面总结，也是对全省非物质文化遗产资源的第一次认真的梳理。封尘同志用宏观把握、科学编排、微观入手、重点描述的方法，按照国家统一的非物质文化遗产分类要求，对全省最具代表性的非物质文化遗产项目进行了科学分类和系统挖掘。尤其是其中的"传统技艺""传统体育、游艺""传统医药"和"传统美术"这几部分，以往从来没有人认真梳理、研究和出版过，这次列入本丛书，可说是填补了这方面的空白。其次，把传承人纳入了描述和研究的对象之中，也是前所未有的，它揭示了非物质文化遗产活态传承的特色，强调了保护传承人的重要性，避免了"见物不见人"的缺陷。第三，选取了大量图片，做到了图文并茂，有助于读者对甘肃省的非物质文化遗产资源获得具体的、形象化的认知和感受。

我作为甘肃省非物质文化遗产保护工作专家委员会的一员，在工作中与封尘同志有过多年的联系和交往，深知她不但是一位非物质文化遗产的热爱者和守护者，而且是一位勤奋的研究者和深入的思考者，这套《非物质文化遗产》丛书的编辑出版，就是她多年来辛勤劳动的重要成果。比如说，在《多彩风情——甘肃民俗》这一卷里，她并没有蜻蜓点水式地一一罗列，为全而全，而是选择最有甘肃省地域特色和民族特色的民俗事项，加以详细描述，体现了突出重点的原则。在岁时节令、民俗信仰和生产民俗几个部分里，有不少内容是以往从未有人涉及过的，从中可以看出她选题眼光的独到和勇于担当的精神。封尘同志是一位默默的奉献者，她从不张扬，总是利用业余的时间读书、写作、进行田野调查。多年来，她全凭着对事业的热爱之情和奉献精神，勤奋耕耘，编著了这部丛书，这是令我非常敬佩和感动的。希望这部丛书的出版，能吸引更多的人参与到非物质文化遗产保护、传承和弘扬工作中来，也希望这部丛书能为全国和我省的广大文艺工作者提供创作方面的启迪和借鉴。因为，保护只是手段而不是目的，对文化遗产进行创造性利用，为发展和建设新时代的民族文化做出贡献才是目的。从遗产到资源，再从资源到创新，是一切文化遗产得以传承和存续的必由之路。非物质文化遗产只有实现其功能的创造性转化与发展，把它科学地整合到当代文化体系之中，才能从根本上得到有效保护。探索非物质文化遗产与文化创新相结合之路，无疑是符合当今时代需要的文化自觉的表现，也是非物质文化遗产保护工作的根本出路。愿以此言与封尘同志共勉。

是为序。

柯杨

2014 年 4 月 25 日于兰州大学柏斋寓所

《多彩风情——甘肃民俗》序

  我们甘肃是古丝绸之路繁华绵延的要冲地带，是欧洲、西亚文明与华夏文明交相辉映之地。大漠戈壁与千里祁连水乳交融，陇原群山与牧区草原相映成趣，各族人民与大自然和谐相处，古老的历史与现代文明交汇，使这里成为一片奇光异彩、魅力无穷的土地。尤其是各民族丰富多彩的民俗风情、民间艺术和浩如烟海的非物质文化遗产，散落在甘肃广袤的大地上，成为甘肃多姿多彩的文化路标。在前来观光旅游的外地人眼里，甘肃种类繁多的非物质文化遗产犹如当地各民族民俗的万花筒，变化万千，令人神往，又如马背上的裕固族姑娘缀珠连璧的服饰一样，闪动着楚楚动人的魅力和万般柔情，无不吸引着人们的眼球。

  我们甘肃是多民族聚居的地方。在这块神奇而充满希望的土地上居住着汉、回、藏、东乡、保安、裕固、撒拉、蒙古、哈萨克、土、满等众多民族，各民族在开发建设甘肃的历史进程中，长期和睦相处，团结奋斗，休戚与共，友好往来，不仅推动了甘肃社会历史的不断进步，而且创造了灿烂的民族文化，包括独具特色而又异彩纷呈的民俗文化。这缀珠连璧的民俗画卷，是甘肃各族人民长期进行社会生产活动的丰厚文化积淀。千百年来，人们为了稳定自己的生产秩序，维护自己的文化传统，在生产、生活、婚丧、节庆、娱乐、礼仪等群体活动中，积淀形成了许多约定俗成的规范准则，形成了民俗文化的整体意识，它决定了民俗的价值取向，这就是民俗文化的强大生命力所在，并世世代代、无时不在体现出它的教化功能、规范功能、维系功能、调节功能。民俗文化具有历史性、地域性、群众性、广泛性的特点，它几乎渗透到每个民族的社会活动的各个领域。我们知道，通过对一个民族的民俗风情的探视，就可以看到这个民族的社会政治、经济生活、思想道德、宗教信仰、文化传统、艺术审美乃至性格特征等方面的丰富内涵。了解和认识一个民族，最先感知的是其外部特征，诸如言行举止、服饰爱好、饮食习惯、生活方式、性格特征等，由此再逐步进入其丰富的精神世界。这就是说，从民俗的角度往往可以更好地认识、把握一个民族的历史传统和个性特征。民俗既是一个民族的外部特征，又是其深邃的文化内涵的体现。

由封尘同志编著的《多彩风情——甘肃民俗》，是一部综合反映甘肃各民族风俗全貌，兼备资料性和学术性的专著。我在仔细阅读后，觉得该书融民族性、知识性、学术性于一体，既有民俗学研究方面的资料价值，又可作为了解甘肃民俗风情的工具书使用。其二，突出了甘肃的民族特色，按照民俗事项，分类重点介绍各民族独特的民俗风情，这便于人们方便完整地掌握和了解。其三，全方位展现了甘肃各民族风俗的整体面貌，着重从生产习俗、生活习俗、礼仪民俗、岁时节日习俗、社会习俗等几个大的方面对各民族的独特风俗深入挖掘，兼容并蓄，既有翔实的介绍，又有理性的思考，显得充实丰满。

　　"文化自觉"是生活在一定文化环境中的人对其文化的"自知之明"，即明白它的来历、形成的过程、所具有的特色和发展趋向。自知之明是为了加强文化转型的自主能力，获得新环境、新时代条件下的文化选择的自主地位。认知、理解和诠释自己的民族文化历史，联系现实，尊重并吸收他种文化的经验和长处，与他种文化共同构建新的文化语境，这就是我们所说的文化自觉。费孝通先生将此总结为"各美其美，美美与共，天下大同"。在全球化、现代化、城镇化进程中保护民族传统文化，文化自觉必不可少。文化自觉的一个重要内涵，就是拥有和传承着某种文化的民族、社区或者个人，一定要对自己的文化有一种自觉意识，能冷静地看到自己的文化的利弊，学习异地文化的长处或优点。只有懂得自己的文化，热爱自己的文化，能够准确地认识到自己文化的真正价值，这样才能珍惜它，爱护它，采取正确的方式保护它，发展它。如果没有这种文化自觉，即使文化已经毁灭在自己手上了，可能还没有意识到。

　　封尘同志长期以来一直从事非物质文化遗产的保护工作，通过长年累月的下乡调研和艰苦细致的资料收集工作，并在扎实的田野作业的基础上，认真耙洗梳理，进行民俗学理论的理性探索，这种文化自觉精神，使我感到非常敬佩，也是值得我们许多人尤其是甘肃文化人学习的。在该书付梓之时，我衷心祝贺她经过艰辛努力所取得的成果。是为序。

马自祥

2014 年 11 月 10 日

前　言

　　甘肃作为中华文化的发祥地之一，历史悠久，文化底蕴深厚。生活在这儿的各族人民在这片土地上劳作、生息，通过他们的生活生产实践，用他们的聪明才智为我们创造了丰富的物质文化遗产，同样，在这一过程中也创造和积淀了无数非物质文化遗产。这些凝聚着中华民族优秀传统文化记忆的非物质文化遗产，有一部分被口传心授，代代承传至今日，也有一部分在人类文明的进程中渐失渐远，成了我们的、父辈的甚至更远的先祖们永远的记忆。

　　当人类文明的进程伴随工业化的迅速推进，现代化的触角伸向世界各个角落，我们的生活被机械生产线上制造的产品包围得水泄不通，我们的眼睛看到的、耳朵听到的是一派被高科技加工、包装过的炫目、繁华景象，可是，我们突然会发现，生活变得缺少灵性和美感，我们变得麻木而缺少激情。然而当我们见到因依附于民俗活动而产生的充满了民间智慧和意趣的剪纸、香包，看到薄薄的皮片片在灯光骤亮的白布之后焕发出异样的光彩，人物、鸟兽在屏幕上吼唱、疾走、翻腾的皮影戏，听到民间艺人通过口头传承说唱的民族史诗和那些充满天籁之音的原生态民歌，甚至于那些经历过先人们精心雕琢的一砖一瓦等等，我们会被感动，会感到快乐，会得到慰藉。因为这一切，镌刻着我们民族的图腾，传唱着我们民族的历史。虽然我们的物质极大地丰富了，而我们的精神家园却落根于这里。

为了守护我们的精神家园，从21世纪初开始，由中国政府主导的非物质文化遗产保护工作在中国大地上轰轰烈烈地开展起来。如今，政府主导的中国非物质文化遗产保护工作已经过去十年了。甘肃的非物质文化遗产保护工作从2004年启动以来，也已经经历过整整十个年头了。作为一名普通的文化工作者，能够参与到21世纪中国政府文化领域内的一项重大工作中来，我觉得自己是幸运的。作为一名参与者、见证者，记录和思考是我的责任。

甘肃地域辽阔，在千里河西走廊，在川源沟壑的陇东高原，在伏羲故里天水，在风光秀美的甘南草原等等，到处都留有先民走过的痕迹，到处都蕴藏着丰富的非物质文化遗产资源。

十年间，甘肃的非物质文化遗产保护工作经历了试点工程、全面普查、申报联合国名录、建立四级（国家、省、市、县）名录体系、建立传承体系、推动保护立法进程等等一系列的工作。应该说，这些工作在政府的推动下是轰轰烈烈的，工作也是卓有成效的。

目前，全省通过5年的时间（2005—2009年），进行了第一次非物质文化遗产的大规模普查工作。通过这次大规模的普查，基本摸清了甘肃非物质文化遗产资源的家底：全省共普查到非物质文化遗产线索27075条，初步确立非物质文化遗产项目4133项，包括了民间文学（815项）、民间美术（341项）、民间音乐（260项）、民间舞蹈（268项）、戏曲（113

项)、曲艺 (89 项)、民间杂技 (60 项)、民间手工技艺 (744 项)、生产商贸习俗 (75 项)、消费习俗 (243 项)、人生礼俗 (262 项)、岁时节令 (182 项)、民间信仰 (342 项)、民间知识 (80 项)、游艺、传统体育与竞技 (220 项)、医药 (29 项)、其他 (10 项) 共十六大类。

目前,甘肃有联合国非物质文化遗产代表作名录项目 1 项——花儿,有联合国急需保护的非物质文化遗产名录项目 1 项——环县道情皮影戏;有国家级非物质文化遗产名录项目 68 项;有省级非物质文化遗产名录项目 333 项,市州级名录项目 1234 项,县区级名录项目 2422 项。国家、省、市、县四级名录项目包括民间文学、传统音乐、传统舞蹈、传统戏剧、传统曲艺、传统杂技与竞技、传统美术、传统技艺、传统医药十大类。有国家级非物质文化遗产名录项目代表性传承人 41 名 (已去世 3 名),有省级非物质文化遗产名录项目代表性传承人 450 名。

这些众多的非物质文化遗产资源,是生活在甘肃大地上的各族人民在长期的生产、生活实践中创造出来的,凝结着甘肃各族人民的智慧,是甘肃人民的宝贵财富。这些优秀的非物质文化遗产和物质文化遗产 (敦煌文化、大地湾文化等等),共同构成了甘肃人民的骄傲。当然,优秀的文化遗产不仅仅是属于一个地区、一个或几个民族,他们应该是属于全世界的,是全人类所共有的、共享的财富。从这个角度来说,记录、研究、介绍和宣传甘肃的优秀文化遗产,是每个甘肃儿女义不容辞的责任和义务。

甘肃作为华夏文明的重要发祥地,历史悠久,各民族在历史上交汇融合,加之甘肃自然环境复杂,因此,各类非物质文化遗产都表现出甘肃独特的人文和自然背景下的地域特色和民族特色。同时,又因为各民族在长期的发展中都有独特的信仰和习俗,都有适合本民族的生活、生产方式,因此形成不同地域、不同民族非物质文化遗产的不同风格和特点,各民族又在不断交往中,相互传递信息,形成一些共性。如何比较准确地理解和阐释甘肃这些非物质文化遗产的价值，解说他们的过去、现在和未来，如何保护和传承各种非物质文化遗产，丰富当今甘肃人民群众的精神生活，是每一个甘肃文化工作者，尤其是甘肃非物质文化遗产保护领域的同仁们需要深入探索和研究的。

基于以上两点，本套丛书将以甘肃境内目前所有普查到的非物质文化遗产为叙事场景，以甘肃不同类别的非物质文化遗产资源为基础，以已建立的国家级、省级、市级、县级名录体系为依据，以甘肃2个世界级、68个国家级和333个省级项目和450名传承人为重点，将甘肃境内具有重要历史、文化、科学、艺术价值的非物质文化遗产名录项目一一铺陈开来，展现甘肃非物质文化遗产的精彩画卷。

本套丛书按照名录的分类分为《土风歌谣——甘肃民间文学》《箫管曲长——甘肃传统音乐》《霓裳羽衣——甘肃传统舞蹈》《虎啸龙吟——甘肃传统戏剧》《说古唱今——甘肃传统曲艺》《益智愉心——甘肃传统体育、游艺》《流光溢彩——甘肃民间美术》《妙手巧工——甘肃传统技艺》《杏林奇葩——甘肃传统医药》《多彩风情——甘肃民俗》《寻根理脉——甘肃传承人口述史》。

愿望是美好的。

然而，非物质文化遗产，是在一定的历史条件下产生的，又都是在历史进程中不断发展变化的，他们以不同方式流传至今。因此，其范围是何其宽广，其门类是何其丰富多样，即使是同一门类，各个项目之间又存有诸多差异，要对每一类别的非物质文化遗产的共性、每一个非物质文化遗产的项目的个性作深入的剖析，需要写作者对每一类别、每一个项目都要有不同的专门的知识。在整套丛书的编写过程中，常常感到力不从心。由于长期以来民间文化不受重视，所以在历代的官方典籍和正史中少有记载，又加之非物质文化遗产的内涵是如此丰厚，即使在个别史料中有一些零星记载，也仅限于某一类别或某一个项目的内容。于我来说，面对如此浩瀚多彩的画卷，常常觉得自己只能是一个被其美丽迷惑得目瞪口呆的观赏者，无法言语，更无法走近。这时候真觉得个人卑微如尘埃。

可是，了解它的愿望如此之强烈。十年来，除了通过实践工作中掌握的材料外，查阅和核对了一些文献资料，也几乎走遍了甘肃 86 个县区的大部分地方。每到一个县区，博物馆要去，地方志资料是一定要看的。具体工作实践和大量田野调查也使我越来越认识到，要真正理解和阐释好每一个非物质文化遗产项目，必须要搞清楚它的传承。非物质文化遗产作为一种活态流传的文化遗产，传承人才是它的核心，因此，对传承人的调查了解是最关键的，尤其最近一两年来，我花了更多的时间在传承人的走访调查中。非物质文化遗产作为劳动人民在生产生活中的创造发明，它们深深根植于劳动人民中间，也因此，使我有机会更深入地走进老百姓的村庄、传承人的家里，近距离地接近他们。

脚步是缓慢的。

这些非物质文化遗产项目和项目的传承人几乎分布在甘肃 45.5 万平方公里上的不同县区、乡镇和村庄。即使穷尽此生，仍然有许多脚步到达不了的地方。值得庆幸的是，有一些领域、有一些项目，有前辈及前行者曾经涉足过。因此，在本套丛书中，借鉴、参考和引用了他们的成果。同时，我也希望我的涉足能为别人提供借鉴和参考。

也希望本套丛书的编撰能够唤起更多的人——专家、学者、社会各界人士——更多地关注甘肃的非物质文化遗产，关注它的保护、传承、发展，有更多的人能从四面八方迈开脚步前来，共同展开甘肃非物质文化遗产美丽画卷。

首先要感谢甘肃教育出版社的领导和编辑，为达成我艰辛努力的目标的实现所给予的支持。

感谢一直以来关心我，并在业务工作和学术上给予我极大支持与指导的国家和我省非物质文化遗产领域的专家。

感谢为本套丛书提供文字资料和图片资料的各级文化单位和个人。

感谢文化系统那些我热爱和热爱我的朋友们，为我提供属于个人的珍贵资料和图片，感谢他们陪我在冰天雪地、风高天黑、泥泞道路上跋山涉水。

感谢那些真挚、淳朴、热情、善良、聪明智慧的传承人。

感谢甘肃所有的"非遗人"，他们和我携手走过非物质文化遗产保护事业的历程。

感谢我的家人，十年来在精神、财力、物力等方面对我挚爱的、埋头努力的事情的支持。

由衷地感谢所有为编撰本套丛书提供帮助的人们！

在如此庞大的支持队伍面前，我虽微小但也充满了力量。

法国哲学家蒙田在《论忏悔》一书中这样写道："假如我的生命重新开头，我要像过去一样生活。我不埋怨既往，也不害怕未来。"正是怀揣这样的心态，我走在路上。

封尘

2014 年 7 月 1 日

甘肃民俗概述

民俗是一个地方人民物质生活空间、精神空间和文化空间的聚合，是承载一个地方民间精神、文化传统和思想情感的重要载体，是民间智慧的结晶与体现，也是维系人民团结、统一的重要纽带。一项特定的民俗活动是一特定地区或特定民族深厚传统文化、悠久历史价值的体现，是认识一个地域、一个民族以及与其相关的历史文化的途径和方式。

甘肃民俗是甘肃人民在长期的生产生活实践中积淀形成并世代沿袭下来的，它保留了甘肃人民的生产生活习俗、生活风貌、思维方式、伦理道德观念，并且反映了相应的自然环境、社会习惯、宗教信仰、情感方式等。甘肃民俗是甘肃历史的产物、文化的产物，是历代甘肃人民智慧的结晶，是传统在当代的活态的见证，具有重要的历史价值、文化价值和精神价值以及一定的经济价值。

甘肃历史悠久，文化底蕴深厚。据考证，在20万年前，就有先民在甘肃地区居住。如今在甘肃发现的新石器遗址有上千处之多。从传说中的炎帝、黄帝、伏羲、女娲，到周朝的祖先，都被认为曾在甘肃所在地，为中华文明的起源与沿袭做出了巨大的贡献。这些在甘肃民俗中有着鲜明的体现，如流传至今的伏羲女娲祭典、周祖祭典，都体现出甘肃人民对原始先民的纪念与敬仰之情。

同所有民俗活动一样，甘肃民俗反映了特定历史时期特定地域的生产力发展水平、社会组织结构和生活方式以及人与人之间的关系、道德习俗及思想禁忌。如甘肃董志塬地区的公刘祭典活动，在每年农历三月十八日举行，每次都有成千上万人参加，活动的仪式与《诗经》反映的人类农耕生活有着很大的相似之处，体现了中国几千年农耕文化发展与演变的历史。

民俗一旦形成就相对稳定，但它也会随着时代的发展、周围环境的改变而发生改变。因此，它在承传中又有流变。甘肃民俗亦不例外，比如服饰民俗中的各少数人民群众，除了直接改穿汉族服饰、西式服饰之外，还在自己的民族服饰中添加新的元素。

认识、了解、传承甘肃民俗，就是从深层次上认识甘肃人民自己，从而为自己找寻一条与历史、文化紧密相连的发展路径。

甘肃民俗之概况

　　甘肃省位于我国西北地区的中部，地处黄土高原、青藏高原、内蒙古高原三大高原的交汇地带。甘肃省地貌多样，中部和东部为黄土高原，覆盖着几十米甚至上百米的黄土层；东南部是陇山山地和陇南山地，层峦叠嶂、山高岭峻；西南为甘南高原和祁连山地，海拔高、气候寒；北部山地和平原相连接；西部河西走廊地势平坦，绿洲平原、戈壁沙漠交错纵横。总体上来说，甘肃省可分为陇南山地、陇东陇中黄土高原、甘南高原、祁连山地、河西走廊、北部山地六大区域地形。

| 乌鞘岭之夏

| 甘南香浪节

　　甘肃也是一个文化资源大省，文化积淀丰厚。传说中的伏羲、女娲以及周、秦始祖都在这块土地上生存活动过；历史上的丝绸之路贯穿全省；佛教文化、伊斯兰文化、道家文化、儒家文化是甘肃省文化的重要组成部分。

　　几千年来，甘肃都是一个多民族聚居区，历史上，西戎、羌、氐、匈奴、吐谷浑、吐蕃、回鹘、党项、蒙古等民族都在这块土地上生活过或建立过政权，现在有回、东乡、藏、裕固、保安、撒拉、蒙古、撒拉、土、哈萨克、满、维吾尔族等少数民族世居于此。其中，东乡、保安、裕固族，为甘肃独有的民族。

　　因为甘肃省的主要生产活动区域是黄土高原、草原和山地，所以就形成了部分区域以农业为主、部分区域以林牧业为主以及部分区域农林牧业相混杂的局面。

　　正是在这样一片广袤而又神奇的土地上，甘肃人民世世代代辛勤劳作，不仅创造了丰富的物质文明，而且形成了多彩的精神世界，甘肃民俗正是这种精神世界活的载体，透过甘肃民俗，我们可以回望甘肃人民千年的历史，可以把握甘肃人民灵魂的脉搏，可以展望甘肃人民灿烂辉煌的未来。

甘肃东南部的天水和陇南，山水秀丽、土地肥沃，素有小江南之称。在物质文化遗产方面，这里有闻名于世的麦积山石窟、大地湾古文化遗址等文化遗产。另外，以伏羲文化、秦文化、三国文化为代表的非物质文化遗产在天水的遗风民俗也十分丰富。具体体现在当地的伏羲女娲祭典、正月十五点灯盏等民俗活动。

甘肃南部的甘南藏族自治州和临夏回族自治州，是藏族、回族、东乡族、保安族、撒拉族等少数民族聚居的地方，因独特的民族构成与宗教信仰而显现出别具风格的民俗风情。莲花山和松鸣岩花儿会，甘南藏族的浪山节、采花节、插箭节、香浪节等，临夏东乡族、保安族的婚礼饮食习俗，每年于拉卜楞寺和临夏清真寺举行的宗教民俗活动都隆重而丰富多彩。

甘肃东部的庆阳、平凉地区，因受到道教文化和红色文化的影响，民俗文化具有独特而丰富的内涵。除了唢呐、皮影、剪纸、社火、戏曲等融入民间生活的民俗活动外，每年的周祖祭典、公刘祭典活动、菩萨山庙会更是此地民俗文化的集中体现。

甘肃北部的定西和白银地区，也有很多引人入胜的民俗风情。陇西是天下李姓的祖地，是海内外李氏寻根问祖之地；岷县是当归主要产地，由此而形成的生活、礼仪、节庆等民俗，在海内外都有一定影响。会宁县的会师楼则是红色文化在此地深入民心的标志。

河西走廊是甘肃著名粮仓，更是昔日铁马金戈的古战场和古丝绸之路的交通要道。闻名于世的敦煌莫高窟民俗、

| 敦煌莫高窟

| 兰州太平鼓

肃南裕固族风情、肃北蒙古族风情、阿克塞风俗、天祝藏区风情、雷台奇观、古酒泉传奇、嘉峪关传说、玉门关和古阳关遗址、桥湾人皮鼓、民间谚语、民勤骆驼队等奇风异俗在这里熠熠生辉。

甘肃省省会兰州市，改革开放以来，已发展成为一座现代化的工业城市，但它更是一座历史文化名城。这里民俗风情更是多彩多姿，七月官神、兰州刻葫芦、兰州牛肉拉面、连城鲁土司衙门、黄河古渡和铁桥、五泉山庙会、安宁堡桃花会、皋兰闹元宵与打春牛、水车与皮筏、太平鼓和太平歌以及鼓子说唱等，让人流连忘返。

甘肃民俗的分类

根据甘肃省的地貌、文化、民族、生产特征，参考西北师范大学彭金山老师《甘肃民俗的现状与思考》一文，可以大致将甘肃民俗分为以下几大类：

从地形区域这个角度上来说，可分为河西走廊民俗、陇中高地民俗、陇南山区民俗、甘南草原民俗、陇东高原民俗、北部山地民俗等六类。各个地域因地貌不同，都呈现出不同的民俗特征。

从民族文化这个角度来说，可分为汉文化民俗、藏文化民俗、穆斯林文化民俗、裕固文化民俗、哈萨克文化民俗、蒙古文化民俗等。每个民族的民俗，都因文化体系的不同，表现出不同的特点，但因各民族的交融，各民族的民俗也在发展中互相影响、互相渗透。

从民俗文化的性质上来说，可分为陇东地区带有纯正的农耕文化特征的民俗，甘南、肃北、肃南地区带有游牧文化特征的民俗，其他地区农业为主、兼具游牧业文化特征的民俗。

按照国家非物质文化遗产的分类标准，可将甘肃民俗分为居住民俗、交通民俗、饮食民俗、服饰民俗、民间信仰、人生礼俗、岁时节令等几大类。

因为民俗在时间上和空间上的分布都是错综复杂的，所以每种分类标准之间并不可能有明确的界限，它们是互相交杂、互相补充的。民俗自身会提供一个角度，从而使我们形成对一项民俗活动的一个完整而全面的认识。比如陇东地区的孩子在农历二月二日清晨有去地里打土块（俗称打瞎瞎）的习俗，还有炒棋子豆吃的习俗，体现了当地人们预防虫鸟危害的意识。这与陇东地区地貌以黄土高原为主、生产上以农业为主是有密切联系的，也是此地岁时节令习俗的一个组成部分。

为了能从总体上阐述甘肃民俗，并能符合非物质文化遗产标准的需要，本书将采用国家非物质文化遗产名录的分类方式，并参照其他分类标准，比如，许多劳动人民在生产生活中形成一些生产民俗，它们既是当时人们生活环境、生产方式、经济发展状况的生动写照，同时也是当时科学技术及生产力发展水平的见证，而生产民俗中的那些仪式、信仰及谚语则代表了生产者的心理特征。虽然在国家非物质文化遗产名录体系中没有涉及生产民俗，但本书在编写过程中特别介绍了部分生产民俗项目：裕固族剪马鬃，兰州梨树培植、生产、摘果的"天把式"以及适应西北干旱土地的旱田压砂生产技术，以使读者尽量从多角度认识了解甘肃民俗。

甘肃民俗的特征

甘肃民俗除具有一般民俗的活态性、传承性、流变性、综合性、群体性特征外，还因自己独有的民族风情、独特的地貌特征而具有独属于自己的特性。

一、鲜明的原始图腾崇拜及祖先崇拜的特征

因为生产力发展水平低下，古代人民一方面对各种自然现象发生的原因不了解，一方面对自己的生命也不可能有个理性的认识，于是他们感觉有种超自然的力量存在。这种力量一面破坏着人们的生存环境，使人产生敬畏心理；一面又庇佑着人民的生命财产，使人产生

| 祖先崇拜

崇拜的心理。这种力量反映在民俗里具体就是图腾与祖先。

甘肃省更是自然灾害频发地，同时也是众多远古神话传说的发源地，因此甘肃民俗中的图腾崇拜及祖先崇拜就更加明显。比如在主要分布于岷县的十八位湫神祭祀活动中，在湫神三脏各置燕、鹊、蛇等作为灵物，神事活动中的血祭与击鼓跳神等，都可看作是史前图腾崇拜的遗风。再比如甘肃东部的伏羲女娲祭典、周祖祭典、公刘祭典也都是典型的祖先崇拜仪式。

二、具有深厚的文化内涵

甘肃是敦煌文化、黄河文化的所在地，是东西方文明交往的通道，是伏羲女娲周祖等祭祖文化，藏传佛教文化，回、东乡、撒拉、裕固等少数民族文化，窑洞、剪纸、刺绣等文化的聚集地，其民俗活动往往具有深厚的文化内涵。如麦积高抬社火，本身起源于原始社会的蜡祭活动，但在流传过程中，又受到伏羲文化、先秦文化及西路秦腔的影响，麦积高抬社火遂成为多种文化的展现舞台。

｜麦积高台

三、宗教性特征

甘肃是一个具有多种宗教信仰的省份，其民俗活动往往具有宗教性的特征。在相关的民俗活动中，反映了

| 毛兰木法会

人们对宗教教义的阐释、对宗教教徒的祝福和对宗教所指引的美好世界和境界的向往心理。如在拉卜楞寺举行的毛兰木法会，在法会的法舞中，人们把宁玛派黑帽法师作为扮演的主角，是因为人们相信，黑帽法师的威力可以消除世间万恶之源的贪、嗔、痴。这种想象，反映了藏族内在的一种宗教文化心理特质。再如裕固族婚俗，其内容既能体现佛教的宗教观念，又能体现萨满教的宗教观念，诸种宗教相互吸收，成为裕固族的文化核心。

甘肃民俗之流变及传承

每一种民俗活动都存在有自己的原始基因，这种原始基因便是这项民俗活动得以建立、发展的基础，比如流行于定西市临洮县的拉扎节中的"五谷神"、泾川西王母信俗中的"西王母"、天水伏羲女娲祭典中的"伏羲女娲"等，这些基因在民俗活动的流传中演变成了一种稳定的精神，拓展出一定范围的文化空间。但每项民俗活动也都会在内部或外部遭遇或多或少的新事物，从而在坚持自己原始基因的基础之上，在形式或内容方面发生或多或少的变化。这就使民俗活动具有了传承性与流变性。

因为民俗有特定的区域，民俗活动有自己的范围，相对而言不会受到外界太

| 女娲祭典

| 周祖祭典

大的影响，并且民俗也是其范围内的人民经过长年累月的积累而形成的文化，比较能经得起时代的考验，在这种深厚的群众基础和社会基础上，民俗具有相对稳定的传承性。

时代在发展，社会也在变化，人们生存的物质条件和精神条件都在发生着改变，民俗在某种意义上也会发生潜移默化的改变。这就决定了民俗在传承的基础上也在适时地改变着，要么紧随时代发展而更加繁荣，要么丧失生存基础而趋于消亡。

如裕固族祭鄂博仪式，随着裕固族信仰的不同便具有了不同的内涵。裕固族改信佛教后，祭鄂博仪式里包含了两种宗教的内容，既包含着对天、地、日、月的原始崇拜，也体现了由萨满教信仰向佛教信仰演变的痕迹。再比如周祖祭典活动，自 2002 年恢复公祭以来，已经有了一套固定的仪式和程序，祭典仪式比先前显得更加隆重。

甘肃民俗之意义及价值

　　民俗是一个地方人民物质生活空间、精神空间和文化空间的聚合，是承载一个地方民间精神、文化传统和思想情感的重要载体，是民间智慧的结晶与体现，也是维系人民团结、统一的重要纽带。一项特定的民俗活动是一特定地区或特定民族深厚传统文化、悠久历史价值的体现，是认识一个地域、一个民族以及与其相关的历史文化的途径和方式。

　　民俗是一定范围内的人民集体创作并世代沿袭下来的，它保留了群体的生产习俗、生活风貌、思维方式、伦理道德观念，并且反映了相应的自然环境、社会习惯、宗教信仰、情感方式等。

　　民俗是历史的产物、文化的产物，是历代人民智慧的结晶，是传统在当代留下的活态的见证，具有重要的历史价值、文化价值和精神

| 女娲祭典

价值以及一定的经济价值。

一、甘肃民俗的历史价值

甘肃具有久远的历史渊源，是远古人类的主要聚居地和中国农牧业的发祥地之一。据考证，在 20 万年前，就有先民在甘肃地区居住。如今在甘肃发现的新石器遗址有上千处之多。

从传说中的炎帝、黄帝、伏羲、女娲，到周朝的祖先，都被认为曾在甘肃为中华文明的起源与沿袭做出了巨大的贡献。这些在甘肃民俗中也有鲜明的体现，如流传至今的伏羲女娲

| 新石器遗址出土文物

祭典、周祖祭典，都体现出甘肃人民对原始先民的纪念与敬仰之情。

同所有民俗活动一样，甘肃民俗反映了特定历史时期特定地域的生产发展水平、社会组织结构和生活方式以及人与人之间的关系、道德习俗及思想禁忌。

如甘肃董志塬地区的公刘祭典活动，在每年农历三月十八日举行，每次都有成千上万人参加，活动的仪式与《诗经》反映的人类农耕生活有着很大的相似之处，体现了中国几千年农耕文化发展与演变的历史。

二、甘肃民俗的文化价值

位于黄河中上游的甘肃，在远古时期气候宜人，有丰富的水源、广袤的土地，是远古人类居住的理想场所，是形成中国几千年灿烂文化的重要区域。

新中国成立以来，先后在甘肃镇原县姜家湾、寺沟口、黑土梁，庆阳县的巨家塬，环县楼房子和刘家岔处发现了旧石器时代中、晚期的石

器、骨器、动物化石和古人类用火的痕迹。而发现的新石器时期的文化遗迹更为普遍，具有代表性的是：新石器早期的大地湾文化遗址，处于母系氏族阶段的齐家文化遗址，进入原始社会末期或奴隶社会早期的辛店、寺洼和卡窑文化遗址。

随着历史的发展，佛教文化、三国文化、各种节令文化等渗透进甘肃人民的生活之中，形成了甘肃独有而又繁盛的文化体系。

甘肃民俗是灿烂传统文化的重要载体，它原生态地反映着甘肃的文化身份和特征，反映着甘肃人民的思维方式、审美方式，体现着甘肃独具特色的历史文化发展踪迹，展现出鲜活的文化价值。甘肃民俗所反映的具有本土性特征的文化丰富了中国乃至世界的文化多样性。

三、甘肃民俗的精神价值

王文章在《非物质文化遗产概论》中指出，民俗"是该民族精神风貌的生动写照，是该民族绵延不绝、生生不息所赖以传承独特文化的精神家园"。甘肃民俗蕴藏着丰富的文化基因、精神特质，这些维系民族血脉的元素融进了历代甘肃人民的血液之中，反过来又规定着人们的思维习惯和社会行为，是维系民族生存、发展的重要信念和精神支柱，具有鲜明的"传承的经验性、浓缩的民族性"的特征。

如在平凉市泾川县举行的西王母信俗活动，近十年来，每届祭典都有来自海内外侨胞以及马来西亚、新加坡等国的西王母

| 西王母信俗活动

| 拉卜楞寺毛兰木法会

信众组成声势浩大的西王母朝圣团前来朝觐。特别是台湾同胞以及马来西亚侨胞，从回山脚下到西王母祖庙近1公里的路上，就开始行起了三拜九叩之大礼，其虔诚之心，使观者无不动容。这也是中华民族强大精神的感召力与凝聚力的体现。

四、甘肃民俗的宗教价值

民俗和宗教作为民间两种主要信仰活动，往往是互相渗透、互相借鉴、互相影响的关系，许多宗教活动本身就具有民俗的性质，也可以说，许多民俗活动本身就具有宗教的性质。所以，研究包含宗教内容的民俗活动，对研究一个地方的宗教，对研究一个地方人民的信仰都有着积极的作用。

比如每年正月在藏传佛教拉卜楞寺举行毛兰木法会中的"放生""晒佛""恰木钦""酥油花灯会""转香巴"等活动，都是为了宣扬佛法无边，祈愿众生平安吉祥。

| 夏河香浪节

五、甘肃民俗的经济价值

甘肃民俗拥有灿烂的文化和悠久的历史，并且，甘肃是个多民族省份，使其民俗具有较典型的异域特征，这就使甘肃民俗成为一种重要的旅游文化产业资源，为甘肃省发展民俗文化产业奠定了坚实的基础。

黄河文化、黄土文化，使甘肃民俗具有了深厚、悠久、粗犷而又神秘的特征，民俗文化反过来又成了展现黄河文化和黄土文化的舞台。这对打造甘肃省的文化形象，促进对外文化交流都起到了积极的作用。

除了带动甘肃旅游业之外，甘肃民俗还增加了社会的就业岗位，发展了独特的民俗产业，为社会的稳定和人民生活水平的提高都做出了贡献。

任何民俗中都含有独特的传统因素，这种因素在一定的地域经过历史的积淀，成了这一地域人民的文化基因和深刻记忆，这是一方人民赖以存在和发展的根。《联合国教科文组织发展纲领》中说："记忆对创造力来说，是极端重要的，对个人和各民族都极为重要。各民族在他们的遗产中发现了自然和文化的遗产，有形的和无形的遗产，这是找到他们自身和灵感源泉的钥匙。"因此，保护民俗中独有的文化基因、文化传统和民族记忆就是保护一个民族的生命，是民族得以自我确认的根基，也是民族发展的保证。

甘肃民俗作为甘肃人民智慧的结晶，从古至今都发挥着教化民风、规范言行、维系稳定、调节矛盾等功能，这些功能已作为一种德行融入了人们的血液之中，成为维护社会和谐发展的一股隐形的却又不可忽视的力量，与作为明文规定的法律有着很大的区别。

认识、了解、传承甘肃民俗，就是从深层次上认识甘肃人民自己，从而为自己找寻一条与历史、与文化紧密相连的发展路径。

甘肃民俗之保护及传承

在改革开放之前，民间文化相对来说比较稳定，这也为民俗的沿袭提供了比较稳定的土壤。但在改革开放后，西方的思想以洪水般的气势席卷中国这片传统的土地，人们的思想发生了史无前例的转变，这也就动摇了民俗所赖以生存的基础。鉴于此，国家从文化战略的高度对包括民俗在内的非物质文化遗产进行抢救和保护。国家从 2006 年开始，将春节、清明节、端午节、中秋节等承载着中华民族众多民俗事项的传统节日陆续公布为国家级非物质文化遗产名录，并且使这些传统节日成为中国公民的法定节假日，以此对中国传统节日等民俗项目予以保护和传承。这些流传至今的优秀传统节日是在漫长的历史积淀中形成的，蕴藏着中华文化的深邃智慧和丰富情感，是弘扬中华民族优秀传统文化和传承中华传统美德的重要载体。

截至 2014 年 12 月，国家已经公布了四批非物质文化遗产名录。在这四批国家名录中，甘肃有 68 项入选。其中民俗类项目是：太昊伏羲祭典、永昌卍字灯俗（省级名录中的名称为"卍字灯会"）、西王母信俗（省级名录中名称为"西王母祭典"）、庄浪高抬、蒙古族服饰（省级名录中名称为"肃北雪山蒙古族服饰"）、裕固族服饰、裕固族传统婚俗、

七夕节（省级名录中名称为"乞巧节"）女娲祭典（省级名录中名称为
"秦安女娲祭典"）、岷县青苗会。至此，甘肃民俗类的国家级非物质文
化遗产名录项目为 10 项。其中窑洞营造技艺在国务院公布的第二批非
物质文化遗产名录中是作为传统技艺类的项目被公布的，但是在省级名
录中是以陇东窑洞民居文化为名称、以民俗类项目被公布的，故在此书
中作为民居民俗被收录。

甘肃省人民政府三批共公布的 333 个省级非物质文化遗产名录中，
民俗类的有 44 项，它们分别是：

服饰类的有裕固族服饰、肃北雪山蒙古族服饰、甘南藏族服饰、卓
尼藏族服饰、华锐藏族服饰共 5 项。

饮食类的有合水面塑风俗和兰州清汤牛肉面共 2 项。

居住类的项目有陇东窑洞民居文化和阿克塞哈萨克族毡房共 2 项。

交通民俗类的项目有兰州羊皮筏子和民勤骆驼客共 2 项。

人生礼俗类的项目有裕固族人生礼仪（包括裕固族传统婚俗）、天
祝土族婚俗、甘南藏族婚俗、华锐藏族婚俗共 4 项。

岁时节令民俗类的项目有博峪采花节、夏河县香浪节、插箭节、巴
寨朝水节、天干吉祥节、拉扎节、正月十九迎婆婆、乞巧节、青苗会、
"卍"字灯会、甘州黄河灯阵、高台黄河灯阵、金塔黄河灯会、九宫八
卦灯会、东山转灯、窑街"福"字灯会共 16 项。

民间信仰的民俗类项目有太昊伏羲祭典、秦安女娲祭祀仪式、周祖
祭典、公刘祭典、西王母祭典、裕固族祭鄂博、七月官神、首阳山伯夷
叔齐祭祀、十八位湫神祭典、毛兰木法会、庄浪高抬、麦积高抬、裕固
族剪马鬃共 13 项。

民俗是在民众中产生的由一定群体所共同约定俗成的，大多是群体
传承的项目。比如那些在一定地域内由多个民族传承的民俗项目，如大

型的祭祀、祭典、庙会以及传统节庆活动,这些人数众多、庞大的活动的组织者、管理者在活动的过程中发挥着重要作用,并能完整掌握民俗活动的仪程仪轨,他们对民俗活动的传承起到不可替代的作用。尤其一些民间活动中的法师、师公、主持、会手等等,在文化不发达时期,他们往往是地方文化的代表,在当地群众中有一定影响,尤其在民俗信仰浓厚的地方,表现得更为明显。在非物质文化遗产的挖掘、整理中,尤其在抢救性保护中,应该关注到还健在的这些人。

目前,甘肃省省级非物质文化遗产名录民俗类项目代表性传承人共有 43 人。各市州、县区也都公布了各级非物质文化遗产名录项目及其代表性传承人。各级政府对传承人每年给予一定的经费补助。通过这些民俗类非物质文化遗产名录项目和项目代表性传承人的认定公布,为我省民俗类非物质文化遗产项目的保护传承明确了对象,奠定了基础。

为加强非物质文化遗产代表性传承人的认定、保护与管理,2008年,文化厅制定了《甘肃省非物质文化遗产项目代表性传承人认定与管理办法》,对传承人的认定、管理、权利和义务作了明确规定。传承人被各级文化部门命名认定后,各级财政会给予一定的传承经费。省文化厅还与人事部门配合开展"农村实用人才"职称评聘,以优惠政策鼓励他们积极传承所掌握的非物质文化遗产技能。通过一系列保护保障措施,激发传承人的积极性,支持传承人开展传承活动。甘肃非物质文化遗产的传承保护,依托这些传承人在甘肃大地薪火相传,生生不息。

甘肃民俗——服饰

郭沫若说："由服饰可以考见民族文化发展的轨迹和兄弟民族间的相互影响，历代生产方式、阶级关系、风俗习惯、文物制度等"。服饰文化作为中国文化的重要组成部分，是人类物质文明和精神文明的综合反映，它一方面反映了特定族群所处的自然环境、历史条件和社会生产力的发展水平，另一方面，服饰也是人类文化的外衣，服饰的发展通常反映着人类文化的发展水平，承载着人们关于美的观念和对美的追求。

一般来说，每个民族都有自己特有的服饰，虽然随着民族间的交流与渗透，服饰也呈现着多样化发展的趋势，但一个民族的传统服饰作为这个民族的根，依旧是了解和认识一个民族的途径，是解读这个民族文化的重要手段，也是这个民族得以自我区别自我确认的根据。

甘肃作为一个拥有众多少数民族的省份，世居少数民族有回族、藏族、蒙古族、裕固族、保安族、东乡族等。这些少数民族不担创造了本民族独特悠久的文化，在服饰民俗上也书写了辉煌灿烂的篇章。如带有历史与宗教气息的裕固族服饰，古朴典

| 裕固族服饰

雅而又高贵华丽的肃北雪山蒙古族服饰，轻便、实用的回族服饰等。各民族服饰五彩缤纷，各有特色。即便是同为我省的藏族，也因分布区域的不同在服饰上呈现出不同的特征。这些琳琅缤纷、色彩斑斓的服饰是甘肃境内各少数民族在历史发展中追求自身美的直接结果，也是各民族的标志和这个民族经济文化发展的反映。

裕固、东乡、保安族是我省独有的三个少数民族，其中裕固族和保安族分别是全国22个人口较少民族之一。在这三个独有少数民族中，东乡族和保安族信仰伊斯兰教，裕固族信仰藏传佛教。

| 裕固族传统服饰

东乡族服饰

　　东乡族服饰的特点是大方整洁。东乡族传统服饰中，妇女一般上身穿带领圈、大襟的绣花衣服，袖口宽大并绣有花边，下穿套裤，裤管滚两道绣花边。裤管后面开小叉，用丝带束裤脚。逢喜庆时，穿绣花裙子，这种绣花裙东乡语称之为"过美"，足蹬后跟高寸许的木底绣花鞋。不戴盖头只戴包头巾，发髻上插簪、钗等银饰，胸前亦佩戴银饰件。东乡族妇女的上衣还流行假袖，用数段各色布缝成，并在各段绣有花边。后来随着时代的发展和变化，他们的服饰也发生了变化。妇女一般都戴盖头，盖头有黑、白、绿三种颜色。少女和新媳妇戴绿盖头；结婚一两年的妇女戴黑色盖

| 东乡族女子服饰

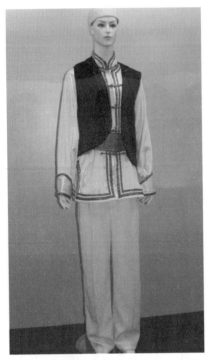

| 东乡族男子服饰

| 东乡族妇女服饰

头；老年妇女戴白色盖头。衣服也因年龄而有变化。老年和中年妇女均着青色或蓝色的衣服，青年妇女和少女可穿红着绿。现在东乡族服饰主要分为两种：一种是传统和现代相融合的，一般为大襟、长袖、长摆，外加齐膝长坎肩；另一种是新潮时装，管长头肥。东乡族男子传统服饰多为宽大的长袍，束腰带，腰带上挂有小刀、荷包、鼻烟壶和眼镜之类的用品和饰件。冬季多穿"一裹沿"羊皮袄，短者及膝，长者及踝。无论何种年龄均带白色、黑色平顶无沿号帽。中年和老年人均喜穿直领对襟大皮袄，东乡语称之为"仲"。另外，东乡族男子足穿用牛皮制成的"罗蹄"，冬季喜戴耳套。年轻人则喜穿无袖无领绣花裹肚。

保安族服饰

保安族人民非常讲究服饰和衣着。保安族传统的服饰是妇女梳盘髻，戴盖头，上身穿宽袖花边的偏襟袄衫，下身穿花裤，足穿绣花布鞋袜和绣花鞋。男子喜戴绒礼帽，身穿改装加工了的藏袍，腰系红布腰带，下穿大裆裤，脚穿皮靴和牛皮"罗蹄"。青年人讲究留胡须。现在保安族服饰基本上与回族一样，男子戴号帽，夏天穿白布汗衫，青布坎肩，蓝色或青色裤子，足穿圆口布鞋，腰带上佩挂一把保安腰刀。冬天穿斜襟或对襟棉袄，白荐子羊皮袄。妇女喜戴花线织的帽子，丝绒盖头。衣服多为红、绿、紫色，结婚着绣花绸缎旗袍。姑娘们头戴线织带球形穗的花帽，身穿色彩鲜艳的衣、裤。

| 保安族服饰

裕固族服饰

　　裕固族是甘肃独有少数民族之一。肃南裕固族自治县位于甘肃省西北部河西走廊中段祁连山北麓，裕固族服饰主要分布在裕固族自治县明花乡、大河乡、皇城镇、康乐乡。2008 年，裕固族服饰被国务院公布为国家级非物质文化遗产名录项目。

　　裕固族服饰就其色彩、式样、装饰而言，千差万别、千姿百态，既

| 裕固族传统服饰

| 裕固族传统服饰

符合风俗习惯、审美心态，也是生活情趣的体现。裕固族有十个部落，分东西两部，其服饰各有特色。裕固族服饰以妇女服饰为代表，分为东、西部裕固族服饰。这两种服饰大同小异，主要区别在于"颈领"和帽子。西部裕固族服饰吸收了蒙藏服饰文化的特点，形成了自己的风格，即裕固族姑娘头饰珠宝流苏，戴圆形高顶毡帽，身穿大襟长袍，腰扎绸带，前胸披挂两条宝石和银饰镶嵌的腰带，足穿绣花鞋帮。东部妇女头戴尖顶裕固毡帽，身穿对襟长袍，腰扎绸带，前胸披挂两条镶嵌宝石的飘带，后背挂一条同样的银饰飘带，足穿绣花布靴。

裕固族男子服饰基本上运用了藏蒙袍服的元素，但在袖、领装饰上形成自己的特色。

据说，清朝顺治年间，朝廷要求裕固族男子留长辫，穿黑色马褂，遭到裕固族人民的强烈反抗，暴发了反清斗争。清廷派太子太保大将军年羹尧带兵镇压，屠杀了不少人，将这一斗争镇压了下去。裕固族男子不得已留起了长辫、穿起了马褂，这种情况一直延续到1949年前后。

| 裕固族男子长袍

| 裕固族姑娘到了15岁要戴"萨达尔格"

男子下身穿单裤，冬季足穿用牛皮制成的高腰尖鼻的皮"亢沉"，穿毛袜。猎人狩猎时常穿自己用牛皮缝制的皮窝子，再垫上毛或草，轻巧舒适。在海子地区男子也穿手工制作的双鼻梁圆头高腰布靴，靴帮上一般在青布上纳白线缀云字形图案。裕固族男子也戴礼帽。

裕固族男女都穿高领、大襟有衽的长袍。男子束红、蓝腰带，佩带腰刀、火镰、小佛等；而妇女高领长袍下摆开衩，衣领、袖口、衣衩、襟边绣着花边。外套大红、桃红、翠绿、翠蓝色的缎子高领坎肩，系红、绿、蓝色腰带，配彩色手帕，脚穿长筒皮靴。冬季，男女皆戴狐皮风雪帽，穿高筒靴；夏秋戴圆筒平顶镶边的白毡帽或礼帽。妇女头戴喇叭形红缨帽或用芨芨草编织的帽子，喜欢佩戴耳环、翡翠或玉石手镯及银戒指等。

裕固族妇女的头饰颇富民族特色。当姑娘到了15岁时，要戴"萨达尔格"，意味着姑娘长大成人，可以婚配了。"萨达尔格"是在一块用红布做成的方形布牌上，缀以贝壳和各色珊瑚而成。

裕固族男子头戴金边白毡帽，帽檐后边卷起，后高前低，呈扇面形。也有的帽檐镶黑边，帽顶正中有在蓝缎上用金线织成的圆形或八角形图案。

| 萨达尔格

裕固族服饰是该民族生存环境、生产方式、经济发展状况和文化传承的生动写照，有许多与生活习俗、宗教信仰、英雄崇拜等相关的禁忌和规范，反映了这个民族的社会生活规则，具有较高的历史文化研究价值。裕固族服饰中民族工艺和审美情趣具有很深的文化内涵，客观上符合生存环境，主观上满足了裕固族人追求美的心理需求，这种实用性和审美观在裕固族服饰制作的工艺水平上得以充分地表现，是裕固族文化研究的重要组成部分。裕固族的主要信仰是藏传佛教，但仍保留很多原始萨满教的遗迹。也正是受这种特殊的历史文化和宗教文化的影响，使裕固族的服饰充分体现了这一民族的物质生活水准和精神追求，反映了裕固族的特殊生活环境和生产方式，也反映了裕固族质朴的民族性格、复杂的宗教信仰和多视角的审美情趣。

目前，裕固族服饰在制作、传承方面的代表性人物有柯璀玲、杨海燕、安月英。2008 年，柯璀玲、杨海燕、安月英被甘肃省文化厅公布为省级非物质文化遗产项目代表性传承人，尤其是柯璀玲不但多年从事裕固族服饰的制作，还收集、收藏、整理、研究裕固族传统服饰，积极培养传承人。2011 年，柯璀玲被文化部命名为国家级名录裕固族服饰的代表性传承人。

甘南藏族服饰

甘肃藏族由于族源不同、自然环境的差异等原因，服饰风格多样。即使同在甘南藏族自治州境内，在不同县区或者同一县区的不同乡镇的藏族群众在服饰上也各有千秋，形成色彩斑斓的服饰文化。2008年，甘南藏族服饰被甘肃省人民政府公布为省级非物质文化遗产名录项目。

生活在草原的牧民，身穿白荐羊皮袍，经济条件宽裕者穿缎面羊皮藏袍，右臂外露。藏袍领边饰以貂皮、下摆边饰水獭皮。饰边以宽为

| 草原牧民服饰

美。腰系绸带，足蹬牛皮藏靴。男子头戴狐皮帽；妇女喜戴白羊羔皮帽。男女服饰略同，男士较短，女士较长。在色彩上，男式服装颜色偏深，女式鲜亮。男女均佩戴珠宝项链，项链多玛瑙、珊瑚、绿松石、米蜡石、象牙佛珠等，一般男女均佩戴 3 至 5 串。妇女喜戴金银镶宝石、做工精巧的藏式耳环，男子喜戴银制大环耳环。男子腰间佩戴藏式腰刀，以显示其男性美。妇女前胸后背佩镶宝石饰挂，质量和数量多寡因经济条件不同而不同。妇女腰间常系一牛皮缀银镶宝石皮带，上挂奶钩，原为挤奶时挂奶桶用，现则成为装饰品。男女胸前长挂银制佛龛，内藏虎神佛或自尊信的佛像、神物。

生活在洮河、白龙江、白马河流域的藏族，为适应气候和农耕、狩猎等生产条件，其服饰接近中原地区，比较合体，多用棉、麻布和普鲁等布料。

博峪藏族服饰主要是指生活在甘南藏族自治州博峪地区的藏族服饰，博峪藏族妇女服装很有特色，一般为胸系肚兜，肚兜上部缝以数排小红珊瑚珠，下部为绣花图案。外穿对襟无领上衣，长近膝，外套

| 博峪藏族服饰

坎肩，衣服坎肩的边缘及袖口都用色布、花布或绣花装饰。腰系红或蓝黑色羊毛宽带，外系织锦带。穿色布长裤，腿上缠绑腿，脚穿绣花双鼻鞋。肚兜左侧系口弦琴和绣花针线包，右侧系白色手帕。头顶青布，用宽约 3 厘米的织锦带系于脑后。

舟曲藏族服饰喜以黑色羊绒续发，线长丈余有数百股，续发坠至脚后跟再缠回腰际，折两折后以坎肩包起掖入腰带。胸前戴一直径 20 厘

米的镶有宝石、玛瑙或红珊瑚的银盘。耳坠银镶蓝宝石耳环，手戴银或玉镯。男子服装如牧区藏族，但用布料制作，以适应较热的气候。

生活在迭部的藏族，男子不喜欢戴帽，多以毛巾绕头。身着长衫，多以麻织品为主，扎红腰带，右臂外露。足穿牛皮底长靴，黑色长裤，裤筒较窄。但也有例外，腊子口一带的藏族男子穿大裤，短袄，缠腿。妇女戴圆筒坪定高帽，身穿大襟长袍，里面穿贴身衬衣。有时长袍外套一件肥大坎肩，扎一条漂亮腰带。未婚女子梳 2 条辫，已婚女子梳 3 条辫，盘头、垂吊均可。有时并不严格，盘梳小辫、多辫，任其喜好。

八楞藏族妇女着无领对襟长衫，袖端饰 10 厘米左右宽绣花圈，腰际以下开三衩，前两片，后一片，边饰绣花或色、花布条。内穿肚兜，上部以红、黄色缎或绣几何图形装饰。穿长裤、钩鼻绣花布靴，靴带为织锦带，腰系红、黑或蓝色的羊毛宽带。头缠八尺青布头帕，两端向后作角状。长衫前两片一角别入腰带中。其余银饰同博峪藏族。男子着掩襟高领长衫，腰系绸带，头缠青布头巾，一端左耳部下垂少许，一端右上部稍露一角。亦喜戴毡礼帽。足蹬自制牛皮布勒靴。

文县白马藏族妇女头裹青或红布巾，身穿宽袖对襟无领绣花短衣，袖口、肩前、领口饰绣花或色布嵌花外套，系宽袖毛织短外套，背绣几何形图案。下穿由各种色布、花布制成的百褶长裙。足穿软腰绣花靴。头饰八片鱼骨圆片，中串彩线与发盘于额上。戴青布长头帕，也戴沙尕帽，腰系色布腰带。

| 文县白马藏族服饰

卓尼藏族服饰

卓尼藏族服饰被称为觉乃藏族服饰，也称"三格毛"服饰。主要分布在卓尼县境内地势平坦、海拔较低、气候相对温暖湿润的东部新洮、洮河南岸和北岸等乡镇。2011 年，卓尼藏族服饰被甘肃省人民政府公布为省级非物质文化遗产名录项目。

卓尼藏族主要源于上古时羌、戎诸部，至元末明初，随着卓尼县境内部落的定居与部落间多年的同化、融合，形成了卓尼藏民族的基本雏形。其住民主要由三部分组成：迁徙定居的吐蕃部落；吐蕃戍边军士留居后形成的

| 卓尼藏族女子头饰

| 人们身着传统服饰参加节庆典礼

部落；原居县境之内由羌、蕃融合同化而形成的吐蕃部落。据《卓尼县志》载：约在元末明初，藏王赤热巴巾派安多地区征税大臣噶·益西达尔吉的长子来到卓尼，建立了政权，成为第一任世袭土司，卓尼地区从此采纳了拉萨宫廷服饰和发型式样，沿袭至今就形成了卓尼独特的"三格毛"服饰。

卓尼藏族男女服饰差异很大，相对而言，男子服饰要简练得多。男子服装用布、呢料，样式和草原牧民的服装相同。上身穿黑色大襟高领布袄短褂，分单、棉两种，藏语称"古身子"。短袄褂子下摆用红色绸带、布或羊毛腰带系于臀部，系扣打在臀后，下身穿黑色或深蓝色长裤，头戴狐皮帽或礼帽，足蹬"连把腰子"鞋。

卓尼藏族妇女的头发都梳成三根粗大的辫子，当地汉语方言中将辫子称为"格毛儿"，所以又俗称其为"三格毛儿"。这也是"三格毛"服饰的来历。其少女跟已婚妇女在梳辫上有所不同，少女们的三根辫子都梳过后辫起来，用红头绳扎结；已婚妇女只辫中间一根，且用黑头绳系扎，左右的两根辫子上端蓬松，至腰下才梳成辫子。卓尼藏族妇女头戴"山高帽"，其帽为尖顶护耳型，帽前部绣花，后缀彩色布花，形似汉族童帽。身着左衽长袍，紧裹腰身，上身喜着天蓝色大襟的"考子"长袍，外罩镶锦边的粉红、大红或紫红马甲，藏语称"库多"，腰系宽羊毛带，腿穿大红色长裤，足穿绣花鞋。服装用各种颜色的布料镶边，或嵌有绣花图案，或再套坎肩。

| 系腰带

"三格毛"服饰制作工序相当繁复：

首先要做"沙茹帽"。"沙茹帽"也称"山高帽"。属纯手工制作。一般老年人戴黑色"沙茹帽"，青年人戴红色"沙茹帽"。帽子制作成后还要缝缀小珊瑚珠。

其次是服装制作。衣服颜色一般都用蓝、红、桃红、绿色绸缎。量体裁剪布料，要求所用线与衣料颜色相同。衣服的缝制，老一代都

| 穿上衣

| 制作服饰

是用手工缝制衣服，现在也有用缝纫机进行缝制的。衣服做出后就要缝纽扣，纽扣是布做的，但马甲的纽扣就必须是铜纽扣。

最后就是做"连把腰子"鞋。也是纯手工制作。用面浆子将布料一层层粘起来，粘五六层即可，压平、晾干后按照脚的大小剪成鞋样子，粘好鞋面，粘上花样子进行刺绣。鞋底一般为三层。束腰的腰带是用羊毛线编织而成，然后进行染色。

"三格毛"服饰用料精美，做工精细，具有很强的民族特色，尤其是男子皮袄领口及袖口多以名贵的豹皮或虎皮作饰，显得朴拙大方，女子所戴的珊瑚帽更是典雅华贵，极具收藏价值和观赏价值。

"三格毛"服饰制作由家族老一辈传承下来，制作工序繁复，手工技艺独特。目前老一代艺人所剩不多，新一代传承人不能完全继承老一代的独特技艺，所以急需对老艺人所掌握的技艺进行记录、传承。

目前，"三格毛"服饰制作较有影响的代表性人物是马尧草以及她的三个徒弟牛贡布草、安杰道和马保朝。2011年，马尧草被甘肃省文化厅命名为省级非物质文化遗产项目代表性传承人。

华锐藏族服饰

　　华锐藏族是由吐蕃与本地古羌人融合而成，并有鲜卑族、汉族等血缘关系。唐末宋初的西凉府六谷部时期，是形成这一民族聚居地的重要历史时期，到了元代，华锐藏族在与其他少数民族的融合发展的历史过程中逐渐形成了自己独有的区域文化，与其他藏区显现出一些差别。这也体现在华锐藏族服饰及制作工艺上。2008年，华锐藏族服饰被甘肃

华锐藏族服饰

省人民政府公布为省级非物质文化遗产名录项目。

华锐藏族服饰比较轻便，这和本地气候、生产劳动方式有关，既适合放牧，又适合农耕活动。虽然华锐藏族地区在气候上没有严格意义的夏季，春夏秋冬也不甚分明，但在服饰上却分有夏衣和冬衣。

夏衣：男子穿白色小领大襟衬衣，其领边饰有花纹，袖口围以黑边，大襟中上方绣有一块称为"章金"的方形图案，罩衣是用布或毛织品（褐子）缝制的长袍，以白褐衫和紫红色氆氇褐衫最为流行。女了着彩色大襟衬衣，上穿布袍（有小领、大领两种），腰带多喜绿色，再围以铜带，足穿靴子，头戴毡帽或方巾，喜日佳节，男女都穿用绸缎、氆氇、呢子缝制的长袍，内穿由大小、色彩均异的数层领组成的衬衣，戴瓦蓝色藏式礼帽。

| 男子冬衣

冬衣：男子穿着大羊皮缝制的皮袄，其白板皮衣边上围以3至5寸的黑蓝布条或羊皮细边。老年人穿的冬衣一般在大皮袄上用黑或蓝布做面，用白或黑皮做领，年轻人讲究穿用豹皮做领、围边的皮袄，也有用其他兽皮做领的，女子冬衣和男子大同小异，只是有的皮袄是小领且缀有纽扣。

发饰和其他装饰：女子的发饰分已婚和未婚两种。姑娘的发式是数十根小辫分两边缀入胸前约一尺长的辫套内，头顶后留一根细辫，穿入腰带拖后。已婚妇女则把发辫缝进3尺多长、4寸宽的辫套内，吊在胸前，辫套制作精致，其上图案由盘绣工艺制作，色彩艳丽，花纹繁密，立体感强。还佩挂"依玛阿锐"，其

| 婚庆时的盛装

上缀有贝壳、银牌、银壳、骨片等。颈饰藏语称"格金"，一般是在约 1 寸多宽的布条上缀以镶有各种宝石的数块银牌，或直接串缀珊瑚、翡翠、绿松石、玛瑙等宝石。

华锐藏族群众一般夏天穿布制夹长袍或白褐衫，脚穿皮靴或便鞋，头戴礼帽，冬天穿大羊皮袄，有白板皮袄和搭面皮袄之分，节日穿叫作"擦什孜"的羊羔皮搭面长袍，头戴狐帽、全边帽或四片瓦帽，脚穿皮靴或褐腰皮棉鞋。在喜庆佳节时，穿上用绸缎、毛呢、毛料、紫白氆氇等原料缝制的长袍，其大领、袖口、下摆镶有织锦水獭皮或豹皮等边饰，系上五彩腰带，拖出右袖。妇女的衬衫露出多层衬领，再配挂上"依玛阿锐"，腰带上挂有银制奶钩、如意牌等。男子一般穿白色大襟衬

| 华锐藏族女子服饰

衣，领子绣有花纹，袖口围彩边，衬衣襟上方绣有一方图案，称胸饰。头戴礼帽、金边帽或狐皮帽。腰间挂藏刀。

服饰是展示民族文化面貌的载体，华锐藏族服饰从一个侧面反映了华锐藏区的文化面貌，藏区人民的精神原貌、想象力以及民族个性特征，通过整理和保护华锐藏族服饰及其制作技艺，对于研究独特的华锐藏区文化及民族精神有不可替代的作用。华锐藏族人民在长期的生产生活中，在历史上与各民族的相互交流融合过程中，形成自己独特的服饰文化和审美观念以及服饰制作的技艺。华锐藏族服饰的演变史是华锐藏族与其他民族的融合、发展的历史。对它的整理、挖掘对研究华锐藏族的美学观念、工艺美术及其发展历史均有极高的价值。

华锐藏族服饰制作目前有代表性的人物是居住在天堂乡的朵姓家族。代表性人物师延玲，其祖母牛才郎什姐，擅长服饰制作及盘绣工艺。其婆婆索秀兰，在服饰制作方面在当地很有名气。师延玲现居住于天祝县华藏寺镇，传承了家族的服饰制作技艺，并从事藏族服饰的制作。现居住于天祝县华藏镇的徐英与其婆家祖母昭什吉、婆婆李才郎措一脉相承，习得华锐藏族服饰的制作技艺，从事华锐藏族服饰制作。2008 年，师延玲被甘肃省文化厅公布为省级非物质文化遗产名录项目代表性传承人。2011 年，徐英被甘肃省文化厅公布为省级非物质文化遗产项目代表性传承人。

肃北雪山蒙古族服饰

肃北蒙古族分布于河西走廊西端的高原山区，其先民在漫长的历史长河中，分别在蒙古雪原、西域天山、青藏高原居住过。在长期的生产与生活实践中，肃北人民在自己传统服饰的基础上，不断吸收其他民族服饰的精华，使自己的服饰具有了不同于其他蒙古地区服饰的种类、款式、色彩等，为蒙古族和中华民族的服饰文化增加了更加绚烂的色彩。2006 年，肃北雪山蒙古族服饰被甘肃省人民政府公布为省级非物质文化遗产名录项目。2008 年，蒙古族服饰（肃北雪山蒙古族服饰）被国务院公布为国家级非物质文化遗产名录项目。

肃北蒙古族以游牧业为主，马匹是主要的骑乘工具，加之高原地区气候寒冷，所以其服饰既要便于骑马，又

| 肃北蒙古族人民盛装参加婚宴

| 佩饰

| 肃北雪山蒙古族女子服饰

要有较强的御寒功能。长袍、坎肩、皮帽、皮靴自然就成了他们的首选服饰。肃北蒙古人多穿大襟长袍，一般有三种：皮袄、夹层单长袍和毡鲁袍。

男子通常要在袍内穿大襟缎面短衣、绵山羊皮缝制的皮裤或单夹布裤。穿袍子时，稍微向上提袍，使下摆至膝盖系腰带，露右臂，头戴水獭皮或貂皮制的"四耳帽"或狐皮帽，脚蹬牛皮或绒布制作的靴子，讲究者穿牛皮制的尖端上翘、镶有剪牛皮花纹的蒙古靴。左侧腰带上佩戴餐刀，右侧佩戴火镰，身前挂鼻烟壶袋，内装玉石、玛瑙鼻烟壶。男子脖颈上戴银或铜制的护身符，耳戴银制或象牙耳环，大拇指戴镶有宝石猫眼银戒指。

女子喜欢穿艳丽的红色或绿色之类的绸缎缝制的蒙古袍。穿戴时，下摆至靴口，系彩色丝绸腰带，露右臂，头戴尖顶红缨帽，胸前佩戴一对发套，将发梢装入其中。身前左侧挂银质或铜质环佩，环佩上挂餐刀、红黄铜质旧币和针线包。脖颈上佩戴珊瑚、松石、玛瑙串成的项链和银质护身佛龛。未婚女子不戴发套，而是将头发梳成若干条细辫，再将其用头绳横联，套上蒙古语称为"胴"的长约 1.5 米、宽约 6 厘米的布带饰品，"胴"上用银饰、贝壳或海螺以及各种图案的刺绣为饰。银质耳饰，金、银或玉石、象牙、铜质、彩色赛璐珞手镯，以松石、珊瑚等为眼的银质马鞍桥式戒指，都是当地蒙古族妇女喜欢戴的首饰。

肃北蒙古民族服饰，是蒙古民族传统文化不可分割的组成部分。肃北蒙古族在远离文化主体的岁月中，凭着坚韧的民族精神，不仅传承了本民族优秀的文化传统，还在自然环境和社会环境的变迁中，不断调

| 人们盛装出席活动

试、突破和创新，不断增强着民族文化的生命力。这些也典型地体现在
服饰方面。

肃北蒙古族服饰具有很强的对生态环境的适应性特征。肃北蒙古族
长期以来生活在高寒山区，过着逐水草而居的游牧生活，其服饰具有鲜
明的防寒保暖和便于穿着骑射的特点。他们的服饰不论男女装均以长袍
为主，多取材于动物皮毛，这既符合游牧生活的需求，也是适应当地严
寒气候环境的特征。从那些以貂皮、水獭皮毛所做的边饰，不仅反映出
衣服主人的身份和财富等信息，同时也具有抵御严寒的实际功效。长袍
下面通常穿着宽松式的长裤，以便于从事日常骑马、射箭等活动。

肃北雪山蒙古族服饰具有浓郁的地域特点。肃北雪山蒙古服饰在款
式、质地等诸多方面都与内蒙古的鄂尔多斯服饰、察哈尔服饰、科尔沁
服饰等有着明显的区别，其服饰虽与邻近的青海蒙古族的服饰相当接

| 儿童服饰

| 服饰样品

| 节日盛装

近，但在局部装饰、穿戴习惯等方面存在着显著的区别。

　　肃北雪山蒙古族服饰是民族间文化交流的"遗存"。肃北蒙古族所居住的祁连山地区历来就是各民族交融、共处的地域。随着历史的发展，历代肃北蒙古族人民在长期的生活和生产实践中，发挥自己的聪明才智并不断吸收兄弟民族服饰的精华，逐步完善和丰富了自己传统服饰的服饰种类、款式风格、面料色彩、缝制工艺，创造了许多精美绝伦的服饰，为中华民族的服饰文化增添了灿烂的光彩。相同的宗教信仰、相似的生产生活方式、相近的自然地理环境，促使肃北蒙古族在服饰风格和制作上吸收了藏族服饰的精髓，这一点尤其反映在雪山蒙古男子长袍上，其在风格、款式、穿着方式等方面与邻近青海省的藏族男子的藏袍有着相似之处。

| 妇女装饰品

肃北雪山蒙古族服饰是蒙古民族独特的审美观念和精湛传统工艺的载体。雪山蒙古人的长袍不仅讲究款式新颖、做工精细、美观得体，而且还讲究色彩鲜艳、线条流畅的镶边装饰，喜欢用传统的图案做装点，图案在形式上具有浓厚的装饰性，体现了图案与颜色协调、统一，同时融合着蒙古族人民对自由、和谐、幸福的无限渴望，形成装饰与实用完美结合的艺术形态。肃北人民的蒙古靴做工精细，靴帮、靴靿上多绣制或剪贴有精美的花纹图案。肃北蒙古族妇女喜欢佩戴用翡翠、珊瑚、玛瑙或琥珀等珍贵原料打制的各种首饰，彰显出古朴典雅、高贵华丽的蒙古族服饰文化内涵。

雪山蒙古族服饰的起源可以追溯到遥远的史前时期，它承载了游牧民族独特的审美意向和审美追求。而随着时代的变迁和生活节奏的加快，肃北雪山蒙古族只有在节日庆典等特殊场合才会穿上民族服饰，而且年轻人大多因当地传统的蒙古族服饰穿戴比较麻烦且价格昂贵而选择内蒙古地区的蒙古服饰。如何保护和传承优秀的民族服饰文化已成为不容忽视的时代课题。

目前，在肃北雪山蒙古族服饰的制作传承上较有影响的是娜仁其其格。2008 年，娜仁其其格被甘肃省文化厅公布为省级非物质文化遗产名录项目肃北雪山蒙古族服饰的代表性传承人。

甘肃民俗——饮食

饮食民俗主要由饮食习惯、饮食种类、食品制作技艺、饮食规矩及禁忌等几方面构成。按着食品的不同功能又可分为待客食俗、节令食俗、礼仪食俗、地方特色食俗几部分。

饮食作为一种文化形式，内涵主要包括：物质层次，包括饮食结构和饮食器具；行为层次，包括烹饪技艺、器具制作工艺、食物保存运输方法等；精神层次，包括饮食观念、饮食习俗以及蕴含其中的人文心理、民族特征等文化内涵。

农业的发展是饮食文化发展的基础。一个地方的饮食民俗主要和自然环境、地域物产和文化传承有紧密的关系。如北方的麦黍区以面食为主，而南方的稻作区以大米为主食。

甘肃的大部分地区主要以农业为主，小麦是主要农作物。因此，大部分地区以面食为主，并且在甘肃不同地域形成特色各异的面食民俗。

兰州清汤牛肉面

牛肉拉面是甘肃最具代表性的饮食，是甘肃饮食文化乃至甘肃的一张名片，它已成为甘肃文化的代表性符号。2008 年，兰州清汤牛肉面被甘肃省人民政府公布为省级非物质文化遗产名录项目。

关于兰州清汤牛肉面的起源，现在公认的说法是，它起源于清朝末年，由兰州回民马保子首创。马保子家境十分贫寒，但是他非常善于烹饪，迫于生活压力，最初的时候马保子在兰州市的繁华街道沿街挑

| 兰州清汤牛肉面

担叫卖一种自制的食品"热锅子面"（兰州牛肉面的前身）。当时马保子挑着一个担子，担子一头放着提前拉好、煮好后特意凉好的面条，另一头放着一个小炉子，上面热着牛肉汤。旁边放着牛肉块、白萝卜、蒜苗等一些辅料。当有客人来吃面的时候，马保子拿出担子一头的面，放

在另一头一直在小火炖热的汤里回热，然后再放入白萝卜、牛肉块等其他各种调料。这样一碗香喷喷的牛肉面就出炉了，这样的面食在当时受到了许多人的欢迎。到了1919年，马保子靠挑担子卖面赚了些钱，于是，他在东城壕北口（现在张掖路附近）开了他的第一家店"马保子牛肉面店"，此时，马保子为了更加精益求精，又开始在牛肉汤中加入羊肝子汤。牛羊的鲜味和在一起，再将汤澄清，于是就变成了正宗的清汤。而且当时的牛肉面所有原材料都十分讲究，他当时所用的面粉是来自北山、皋兰等地所产的冬小麦，提取其60%的面粉，揉制成面团。和面时，淋入温盐水，拌成絮状，再揉均匀，而蓬灰是用戈壁滩所产的蓬草烧制出来的碱性物质，加进面里，有一种特殊的香味，且能使面柔韧筋道。不但主料讲究，各种辅料也丝毫不马虎。所用的辣子是当时最好的羊角辣子，像白萝卜、香菜、蒜苗等材料也都是用无污染的水、农家肥浇灌的。如此的牛肉面馆，所处路段繁华，做法考究，味道鲜美独特，营养丰富，所以"马保子牛肉面店"一开张就吸引了许多客人。

1949年前后，马保子年岁渐高，于是退隐"江湖"。由他的儿子马杰三正式继承父业，同时在南关等地又开了两三家马保子牛肉面馆，而这时马保子牛肉面在兰州已经相当有名了。但是真正开始被更多的外地人所熟知是在1946年以后，1946年6月，国民党元老于右任先生来到兰州，专程品尝了马杰三的清汤牛肉面，赞不绝口。回到重庆后，更是对友人同僚等大加宣扬兰州牛肉面的美味。于是，兰州牛肉面的名声越传越远。

现在，兰州清汤牛肉面更是闻名全国，成为代表兰州乃至甘肃的一张名片。它的制作主要有五大步骤，无论选面、和面、醒面，还是溜条和拉面，都巧妙地运用了面粉所含成分的物理性能，即面筋蛋白质的延伸性和弹性。

第一步：选面

一般要选择新鲜的高筋面粉，不宜选择陈年面粉，因为陈年面粉所含的蛋白质分子，在蛋白酶（由于时间长等原因，蛋白酶的活性增强）的作用下，蛋白质分子分解成氨基酸，使蛋白质无法与水结合形成面筋，因而大大降低了面筋的生成，做出来的面也不筋道。只有新鲜的高筋质面粉，蛋白质含量高，是拉面制作成功的前提条件。

第二步：和面

和面是拉面制作的基础，是关键。首先应注意的是水的温度，一般要求冬天用温水，其他季节则用凉水。因为面团的温度易受自然气温的影响，通过和面时用水温度的不同，使和好的面团温度始终保持在30℃左右，因为此时面粉中的蛋白质吸水性最高，可以达到150%，此时面筋的生成率也最高，质量最好，即延伸性和弹性最好，最适宜抻拉。和面讲究"三遍水，三遍灰，九九八十一遍揉"。其中的灰，实际上是碱，却又不是普通的碱，是用戈壁滩所产的蓬草烧制出来的碱性物质，俗称蓬灰，加进面里，不仅使面有了一种特殊的香味，而且拉出来的面条爽滑透黄、筋道有劲。

| 和面

第三步：醒面

醒，即将和好的面团放置一段时间（一般冬天不能低于30分钟，夏天稍短些），其目的也

| 醒面

是促进面筋的生成。放置使没有充分吸收水分的蛋白质有充分的吸水时间，以提高面筋的生成和质量。

第四步：溜条

由力气比较大的壮小伙先将大团软面反复捣、揉、抻、摔后，将面团放在面板上，用两手握住面条的两端，抬起在案板上用力摔打。条拉长后，两端对折，继续握住两端摔打，如此反复，其目的是调整面团内面筋蛋白质的排列顺序，使杂乱无章的蛋白质分子排列成一条长链，业内称其为顺筋。然后搓成长条，揪成直径 20 毫米粗、筷子长的一条条面节，或搓成圆条。

第五步：拉面

将溜好的面条放在案板上，撒上清油（以防止面条粘连），然后随食客的爱好，拉出大小粗细不同的面条，喜吃圆面条的，可以选择粗、二细、三细、细、毛细 5 种款式；喜吃扁面的，可以选择大宽、宽面、

| 拉面

韭叶面 3 种款式；想吃出个棱角分明的，拉面师傅会为你拉一碗特别的"荞麦棱"。拉面是一手绝活，每拉一下，拉面师要在手腕上回折一次，拉到最后，双手上下抖动几次，则面条柔韧绵长，粗细均匀。面条光滑筋道，在锅里稍煮一下即捞出，柔韧不粘。

| 酱牛肉

面是兰州清汤牛肉品质的一方面，而醇香的汤更是牛肉面的灵魂。但凡味道醇厚的牛肉面，其汤要用牛肉、肥土鸡为主料，采用三

| 调汤

十多种调料和中药调配熬制成老汤，经沸煮、微煮，使主料鲜味溶于汤中，中间要经过两次"清俏"。成品清澈见底，味道极其鲜美，而且不膻不腥、味厚色醇，香浓鲜美。兰州清汤牛肉面熬汤时选用甘南草原上出产的肥嫩牦牛肉，加牛脊髓和腿骨（俗称棒子骨）、牛肝，有的还添入鸡汤，再按比例加入花椒、草果、桂子、姜皮等香料，在特大罐形铁锅内再加入本地特产的绿萝卜片熬成即可，肉汤气香味浓，清亮澄澈。

牛肉面的辅料也是调汤的一个重要组成部分。辅料萝卜片的做法为，先将萝卜洗净，去毛根和头尾，切成长形或扇形的片，放入开水锅里焯一下，然后捞入冷水浸漂，再入牛肉汤里煮，这样可以去其异味，吃起来软硬适中。绿萝卜均按日需量购进，以免糠心。

| 调味

　　油泼辣子是牛肉面的重要辅料，做法也很有讲究，先将菜油烧热，再冷却到 100 度，放入花椒粒、草果、姜皮等过油，然后捞出，再放入辣椒面，用温油（从 100 度开始加温），慢慢不停地用铲子翻滚，炸到一定火候，即炸成红油红辣椒混合成的东西。想想道理其实很简单：火候不到，油没有辣味，火候过了，辣椒糊了，就成黑色。这样的红油红辣椒放到碗里，辣椒和红油漂在汤上，不与汤相混合，才能保证汤的清亮。

　　兰州清汤牛肉面深深植根于当地人民生活之中，成为兰州乃至甘肃人民生活的一部分。兰州清汤牛肉面做工考究，口味独特，不管是拉面还是制汤，都是有严格的工艺和流程，并且兰州清汤牛肉面的口味适合大众，因此很受欢迎。目前，在全国各地都可见到兰州牛肉拉面馆。可是不可否认的是，兰州牛肉拉面出了兰州、出了甘肃，它的醇味会因地域的改变而有所差别，这大概就是说的一方水土养一方人吧，水土变了，环境变了，面的味道也就变了。

黄河本身就是畜牧文化与农耕文化的分界线，黄河北岸畜牧，南岸种植粮食。而牛肉面的肉占据了北岸的畜牧优势，所用面粉则借鉴了南岸的精良种植技术，成了农耕文化与畜牧文化的有机结合体。目前，兰州有近1200家牛肉面馆，兰州清汤牛肉面每年的产值近7亿元，至少有上万人在牛肉面馆就业，兰州牛肉面馆每年劳动力报酬至少在4000万元以上，在繁荣地方经济，解决劳动力就业等方面发挥着不可小视的作用。

自清初马保子首创兰州清汤牛肉面，其后传给自己的儿子马杰三后，兰州清汤牛肉面就在其后代中代代相传。经过一百多年的发展，兰州牛肉面遍及兰州大街小巷，成为兰州市民不可或缺的食品。经营兰州牛肉拉面馆的多为回族马姓民众，当然也有其他姓氏的回民，现在也有不少汉民也涉足清汤牛肉面制作行业，但正宗的兰州清汤牛肉面制作秘方还是在马保子的后代手中。代表性传承人有：第一代，马保子；第二代，马杰三；第三代，周福元、马文斌、马学明等。

合水面塑风俗

合水是周祖农耕文化发祥地之一，历史悠久，面塑艺术是原始先民崇拜祭祀的延续。原始社会，先民们由于把凶猛的动物与自然神秘化，认为自然界有一种超越人们的神灵，神灵或造福于人民，或降祸于大地，人们便用所猎获的动物祭祀天、地、神。自从周祖不窋、公刘在陇东教民稼穑，粮食生产得到发展，人们的祭祀品随之以动物形象的面塑代替了动物，合水面塑风俗被流传下来。2006 年，合水面塑风俗被甘肃省人民政府公布为省级非物质文化遗产名录项目。

| 面塑枣山

《酉阳杂俎》《中国通史》记载，用面塑祭灶习俗在周代就已经有了，世代沿袭相传。《合水县志》载："民间用面塑品祭祀天、地、神，源于周也。"而资料

| 面塑作品

记载与当地古墓中用猪作陪葬品的习俗相印证，合水民间至今仍保留着泼食、领羊、献猪、献供品的祭祀方式，这都是周祖遗风。

合水面塑风俗源远流长，面塑题材种类繁多，内容丰富，形式多样。从面塑品的功用看主要有祭祀、贺寿、节令、婚嫁、丧葬、驱邪等六大类面塑品。从造型上来说，祭祀类面塑有生命树、枣山、十二生肖等；节令类面塑有巧娘娘、月饼、面灯等；寿诞类面塑有八仙、寿星、寿桃、松鹤等；婚嫁类面塑有催妆馍、和气馍、龙凤、鱼钻莲、雀探梅等；丧葬类面塑有树供、老鼠盗葡萄、飞禽、花卉等；礼品类面塑作品有佛手馍、梅花馍、莲花馍；驱邪类面塑有白虎、狮子、红孩儿等。总之，面塑作品涵盖了人物、植物花卉、飞禽走兽等各种造型。

面塑艺术用途广泛且遍及千家万户，包括了祭祀活动的祭品，家用宗族中祭祀的供品，祝寿中的祝寿礼品，嫁娶中的和气馍、催妆馍、拜天地馍，还有宾客食品。年节中有正月十五面灯、七月七日巧娘娘、八月十五月饼、腊月初八雀儿头、腊月二十三供品、春节期间的枣山等。合水心灵手巧的农家妇女，一只顶针，一把木梳，一把面刀，便可做成各种花卉、动植物、人物等图案的面塑，这些精美的面塑作品不但是神仙亡灵的"佳肴"，还是合水老百姓的美味，不但具有民俗文化的深厚内涵，更是精美的民间艺术品。

枣山、面灯均为祭祀灶君和土地神所用。做枣山的时间一般为腊月二十八日，俗传"二十八，蒸枣花"。将又白又细的面粉揉和好，捏塑成10至12个团花，每个团花内嵌镶一枚大枣，组成上半身，再捏塑一个椭圆形头部，耳朵、鼻子、眼睛用黑豆嵌镶，嘴用红色勾染。腰腿部用较粗的圆形面条塑做，左右间距较大。全身塑做成后，一般用两节高粱秆或筷子支撑背面，以便靠立，放入锅内蒸熟即可。因为团花内有大枣，立起像一座山，故名枣山。塑做10个团花的象征十全十美，11个团花的象征丰衣足食，12个团花的象征十二个月，月月风调雨顺。枣山粗犷雅拙，形拟抓髻娃娃，即为中华民族的繁衍神和保护神，又是丰收神，专门是用来祭祀灶君和土地神的。

大年除夕之夜，将枣山分立于灶君像两旁，用裱纸吊帘遮掩以防灰尘。放到正月二十三日送灶君上天后，装入篮子存放到春耕时节。春耕第一天，大人扛犁套，儿童赶牛，一人用木盘子端着枣山、香裱、纸炮来到地头，大人套好犁，插入地头，上香焚裱，把枣山掐几块撒向地里。叩拜土地后，响罢纸炮，几人分吃点枣山，即可开犁耕地。

面灯是每年农历正月十五日用荞麦面塑做，其中12盏灯，称12月份灯。面灯蒸熟后，揭开锅看哪个灯内的水雾多，则表示

｜面灯

当年哪一月雨水多。给每盏灯内插上用棉花裹的蒿枝灯芯，添上清油点燃。将放有23盏灯的木盘子放在灶君前，以示敬献灶君。粮食囤上放一位人瘦臂长的老人（俗称康健老）怀抱面

| 面塑花

灯，象征五谷丰登，人寿年丰。鸡窝放一盏鸡驮灯，象征灯照吉祥。槽头放一盏牛驮灯，象征六畜兴旺。各窑洞窗台内外、院子里放几盏灯，象征日月红火。

贺寿面塑有八仙、松鹤、寿星、寿桃等，以表达晚辈祝福长辈长寿的企盼心理。

婚嫁有和气馍、孔雀戏牡丹、龙凤等，均着色点染，以示喜庆祥和，祝福新婚夫妇幸福美满，和睦相处。

丧葬祭祀品有各种花卉、飞禽等组成的生命树，以示儿孙对逝世长辈寄托哀念之情，并表达祝福其通向"天堂"的夙愿。一般祭祀刚逝世者的面塑品不着色点染，三周年祭祀时方点染着色。

节令民俗的面塑根据传统节日习俗，多塑做巧娘娘、月饼、十二生肖等，均着色描画点染。

合水面塑主要用料以小麦面粉为主，以黑豆、大枣、红豆、花椒叶末、姜黄、辣面、食用油、食用色素、白帆、食盐等辅之。分为蒸、炸、烤、烙等工序。有捏、挤、压、挑、剪等塑做手法。一般面花用小麦面粉和面，中、大型单体塑品则在和面时加入少许白矾、食盐以防裂纹和虫蛀。塑做月饼则要在每层圆形面团上面抹以食用油和花椒叶末，

烙塑的花烙馍同时加入食用油和花椒叶末，这样，不但美观而且醇香扑鼻，色香味俱佳。人物、飞禽走兽的眼睛，则嵌镶黑豆或红豆或花椒仁，使其炯炯有神。

| 面塑鱼

植物花卉、童男童女、龙凤等，均用食用色素点染描画。

合水面塑风俗，自周以来已有3000多年历史，经过曲折发展，形成了自己独有的特点。朴素、稚拙，具有模拟、状形、造意、传情的特征，面塑品寄托着人们美好的企盼与祝愿，面塑风俗和民俗活动的产生与发展，相互渗透，从而形成对民俗活动的依存特征，祭祀、贺寿、婚丧、节令等民俗活动既赋予了合水面塑一定程序性、时令性特点，又使其具有深厚的文化内涵。在各种面塑民俗活动中，男女老少都能参与，因而，具有广泛的群众基础。

| 武松打虎

在中国面塑史中，祭祀寺庙、祖宗，以及婚丧、节令、驱邪所用的面塑品，全国各地差不多都有，而合水面塑作品中的生命树、枣山、面灯却是与合水的人文历史相关的，因此具有鲜明的地域特色。表现出其深厚的文化底蕴和内涵，在全国面塑中独树一帜。因而发掘、抢救、保护合水面

塑，对丰富和完善中国面塑史乃至对世界面塑艺术都将产生积极的推动作用。合水面塑艺术充满了鲜活的生命风采，既具有观赏价值又具有审美价值。随着工业文明的迅速发展，科学技术的进步，市场经济的兴起，人们对面塑艺术的现实需求和审美需求渐趋淡化，面塑风俗所依存的民俗活动也渐趋稀少。

目前，真正会塑做面塑的艺人已为数不多，合水的李秀荣20世纪二三十年代从祖辈中习得一手做面塑的好手艺，尤其是最具文化内涵和民俗特征的面塑作品枣山，在十里八乡都很有名。20世纪80年代，她将这门手艺传给儿媳妇左淑霞。生于20世纪40年代的孙永琴，从小随母亲学习面塑，由于勤学好问，学啥会啥，面塑技艺高人一等，尤其擅长婚嫁、合手、丧葬面塑品，塑做的龙、凤形象逼真，富于动感，塑做的八仙、太公钓鱼表情丰富，形神兼备，姿态各异。2008年，左淑霞、孙永琴被甘肃省文化厅公布为省级非物质文化遗产名录项目合水面塑的代表性传承人。

| 面塑造型组

白银水川长面

　　长面亦称臊子面，臊子面在北方各地都有，但白银水川长面却有自己的特色。水川长面源于白银市区南郊的水川镇一带，它有着属于自己的悠久历史，也有着属于自己的独特风味。

　　据说宋朝时期，秦州刺史狄青来到此地戍边，在原鲜卑西秦政权建过都的废墟上建筑城池，黄河两岸居民安居乐业，休养生息，喜食面食的当地民众以长面作为逢年过节改善生活和招待客人的最佳食品。到了明万历年间，经历了"北虏动乱"之后，水川境内逐渐恢复了稳定局面，人们的生活水平有了进一步的提高，老百姓们用自己种植或从北山一带五沟十三庄当"麦客"挣来的"和尚头"小麦磨成精细白面，除了偶尔蒸馍做面条外，主

| 白银水川长面

| 擀好的面条

要保存下来以备过年擀长面之用。到了清代，水川镇居民的生活也有了大的提升，逢年过节，家家都要吃长面。直到如今，一提起"吃长面"，人们的意识中便涌现出亲切、欢喜、祥和的情愫。

水川长面用料讲究，过去主要是用"和尚头"小麦磨成的面粉擀制，高筋、耐煮、味美、色香、形好，工艺独特，做工精细，制品形长如丝，细而均匀。煮面也不同一般，水开后，将面下入锅内，煮到八分熟，一根是一根，不易断裂，捞出放入开水盆内淘一淘，再捞出叠好摆放在案板上待用。最后一道工序是调汤，待水开后，放入适量臊子，调入各种调料，俗称"十三花"，包括黄花、木耳、海带丝、鸡蛋等，加入适量的酱、醋、盐、味精，调出的汤成色靓丽。然后将下好的面再放入加有少量醋的开水盆内淘一下，捞到碗里，将臊子汤浇上即可上桌食用。吃长面时佐味的小菜也是很重要的部分，通常以附近山上的野菜腌制。

水川长面还有着深厚的文化内涵，蕴含了水川人民内心深处的情感。由于过去水川地处僻壤，交通不便，信息闭塞，如兰州、靖远等

| 下面小菜

| 用"长面"招呼客人

地发生了什么大事，数天之后，才能传至地方，而且消息渠道又非常单一，只能通过水路或旱路，要受惊涛骇浪之险或翻山越岭之苦，因此，人们希望想念的人能跟自己心心相印，息息相通，且常来常往，常常见面，故名"长面"。

每逢亲朋好友、远方客人来家中作客，必吃顿长面，以表主人的心意。"长长细细一条心，常来常往息息相通"，体现出浓厚的人文价值和社交礼仪。"热热闹闹擀长面，高高兴兴唠家常"，彰显淳朴的民风民俗。谁家长面吃着香，谁家妇女会调汤，乡亲们心里都清清楚楚，反映出既大众化又个性化的饮食文化特征。"几碟佐菜一大盘，梅花五弄喜开颜"。佐菜亦为农妇自己腌制，摆碟拼盘，无不反映着水川长面独特的饮食文化特征。

甘肃民俗——居住

居住民俗指老百姓们的居住方式以及和居住相关的风俗习惯，是一个国家、民族或地域的广大民众在居住中创造、享用和传承的属于本群体独特的居住习惯模式。居住民俗一般包括居室类型、建筑仪式和居住信仰三个方面。人们的居住与生产力的发展水平和自然条件有直接的关系。随着社会发展，人们建房的材料、形式、实用功能和审美要求都在发生着变化。

| 通渭民居

居住民俗是在历史发展中产生并稳定下来的，包含有很深的文化内涵。

实用性是民居最基本的功能，早期人类的居住主要是为了避风雨、避猛兽，现在人们在求安全的基础上，还逐步使居室舒适，这些都是民居实用性的体现。

民居的实用性和人们的生活方式有着很大的关系。比如哈萨克族，在春、夏、秋三个季节，因为牧业的需要，一般住在容易拆卸及移动的毡房里，而冬季就住在木房或土房里。

民居是带有一定审美意味的文化产物。民居在建筑过程中，不论是对形体的构思、材料的选择，还是装饰物的选取，都在一定程度上考虑着审美的需要。比如蒙古包，一般以白色为主，穹庐形屋顶，和大草原以及蓝天白云相映衬，给人一种纯净而神圣的美感。

民居的居住者是一个家庭。在重伦理的中国，在民居的设计上也融入了浓厚的伦理理念，比如汉族的四合院，有正房，有偏房，有长辈住的房子，有晚辈住的房子。而在哈萨克的毡房里，一般右上方是长辈的床位，左上方是晚辈的床位。靠右手有专为老人设的木床，其他人不得在上面坐卧，客人不可牵动床上遮挂的布幔，否则就是失礼。

在许多民族建筑中，除了很多专为宗教信仰而建立起来的，还有大部分民居，都体现有宗教性的功能。比如在正堂布置供奉祖先的牌位，或天、地、君、亲、师的神位，在厨房要祭祀灶神、火神等。

甘肃复杂多样的地貌和不同的地理环境，使得甘肃的民居因地域的不同而呈现出不同的特色。在甘肃，陇东黄土高原农民多住土窑，当地民谣：有钱修个面朝南，给个知县都不换。土窑有地炕院、明庄、暗庄、半明半暗庄之说；藏、裕固、蒙古、哈萨克族民居多帐篷、砖木或土木结构的房屋；在陇东多为厦房，屋顶铺瓦；在降雨量很少的河西，屋顶不铺瓦，牛毛毡上糊层麦糠泥即可；陇南雨量充沛，房屋多为两面坡型，铺瓦；陇南羌寨独具特色。

| 陇东地坑院

| 陇南民居

| 甘南帐篷

| 舟曲民居

在甘肃的甘南牧区，以前的藏族多住帐篷。特别到了夏季，牧民帐篷多用白布缝制，边沿和顶端用蓝布缝贴各种图案，蓝白相间，显得古朴庄重，又富丽堂皇。帐篷图案多用鹿、狮、龙、花、鸟、鱼、虫、云朵、山水八宝及各种几何、吉祥物图案，也有贴缝彩色图案及刺绣图案的。充分体现了牧区藏族民居的特色。当然，随着时代的发展，牧区的群众现也开始定居下来，融入现代城市居住中。

生活在林区的舟曲藏族，民居多为二层楼。一般住房分上房、下房，开间3至5间不等。除山墙、后墙为土墙外，其余全用木料卯榫结构。上房为家庭起居、活动和老人居室。上房正中为火塘，左右分隔一间或两间为居室，上房二楼为客室或储藏室。下房一层为牛马圈，二层为儿女居室。居室四壁均用木板装饰和建成壁橱，间以雕镂彩绘。上、下房面墙及门窗，多用结构复杂的格扇窗，楼上檐廊及栏杆，多饰以木雕。房顶为双坡式，用杉木薄板纵铺横压几道再用石块固定。藏族木楼大量吸取了汉族雕饰艺术，是藏汉文化交流的结晶。

在甘肃的临夏地区，因地理、气候条件不同其民居为三种形式。干旱地区多窑洞，一般依山前削壁凿洞加固，安门开窗，临窗盘热炕。山阴地区多草棚，一般选通风高平处，筑墙起架，主柱上梁，搭檩挂椽，坡式屋顶依鱼鳞式层层压苫山草或麦草，流水快，通风易干燥，适应山区多阴多雨气候环境，川塬地一般修建瓦房（屋顶覆瓦）或土棚（屋顶墁草泥）。瓦房又有"抱屋"和"厅房"之分。"抱屋"房顶为单坡式，俗称"撅屁股"，即所谓"房屋半边盖"。"抱屋"又有进深"三架梁""四架梁""五架梁"之分。"厅房"屋顶取双坡式，俗称"两流水"。无论"抱屋"和"厅房"，以隔断分为"穿廊（前檐留廊）""出檐（又称虎抱头）"，三间中两边间前墙与廊柱齐，中间一间在金柱下安门，即成为凹字形。以装修分为"板装裹""土门土窗"。土棚建筑格局如瓦

| 天水四合院

| 天水四合院

房，唯屋顶平缓，漫草泥防水，不用砖瓦。

甘肃天水民居主要以四合院形制为主。受传统风水观念和气候环境影响，院落的大门多位于东南方，厕所则在西南角。四合院大门多采用屋宇门形式，将倒座东侧稍间辟作门道，而在倒座后墙上开门。门框、门扇坚实厚重，造型简约朴素。这是因为历史上天水华戎杂处、战事频繁，兵灾匪患较多，坚固高峻的倒座后墙能增加人的安全感；而大门形制简朴可以藏拙不显豪富，不至于引起不法之徒的注意。

天水民居多采用一坡构架的形式，四面屋顶均为一坡各自向院内延伸。高墙深巷，构造特殊，具有冬暖夏凉的特点。

阿克塞哈萨克族毡房

　　阿克塞哈萨克族自治县地处西北边陲，深居广阔的戈壁沙漠和山脉地带，游牧文化和农耕文化互相交融渗透，孕育了独特的阿克塞哈萨克族民间草原文化。阿克塞哈萨克族毡房是阿克塞文化的一个典型代表，2008年，阿克塞哈萨克族毡房被甘肃省人民政府公布为省级非物质文化遗产名录项目。

| 阿克塞哈萨克族毡房

据考证，毡房出现在青铜器时期，它是当时的中亚游牧部落的民居形式。毡房的历史可以追溯到公元前乌孙、康居、奄蔡、萨克时期。毡房是哈萨克族人民在漫长的历史发展中、在同大自然的不懈抗争中创造的适合游牧生产和生活方式、便于施工安装、携带简便、实用经济、具有草原特色和艺术风格的住宅和生产建筑。

阿克塞哈萨克毡房的种类有近 20 种之多。典型的有最原始的毡房乌蓝海、最豪华的毡房行宫、最为方便的毡房阿布赍夏、最简单的毡房哈拉夏等几种类型。

阿克塞哈萨克族毡房的制作过程比较复杂，主要有选料、放样、成型、上色、组装等几个步骤。

选料：毡房的制作过程中选料比较重要，而且毡房师们对选料很讲究。顶拱用料要求木质硬、耐久、变形少，一般选用桦树、榆树、山楂树等树种木料。格构架用料要求木质均匀、有弹性，一般选用柳木等木料。弯头斜撑用料要求树干直，一般选用天山云杉、松、柳、新疆杨、桦树等树种木料。对于大跨度的毡房，格构架和弯头斜撑用料则选用木质均匀、树干较直的杨木木料。

| 毡房骨架

放样：由于传统的毡房木工没有设计图纸，在实际操作中全凭经验，因此，放样工序就显得格外重要。毡房木工的放样工序可分为材料放样和操作放样两大部分。

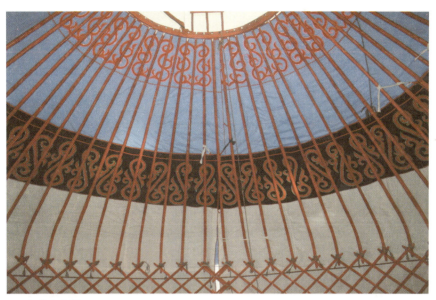

| 毡房内部

所谓材料放样，是指在选料过程中根据毡房的大小、格构架的扇数、弯头斜撑的根数及所选材料的长短、粗细及加工要求选出标准样板材，作为选材和初加工的参考标准。

成型：毡房用的木构件，因用途不同、形状各异，必须经过烤热处理才能成型。

上色：毡房的骨架常常染成朱红色。传统颜料由羊的鲜血和脾脏与丹砂拌和均匀后加适量的水继续搅拌而成。这种颜料颜色鲜艳，不易褪色。

组装：毡房是典型的装配式建筑，组装过程讲究顺序。一般是先组装承重结构，后组装维护结构和抗风绳索。组装时要特别注意毡房的几何中心轴和结构重心轴相重合。几何中心和结构重心相重合的毡房受力均匀、造型美观、庄重稳固。

毡房的整体构造是以抛物线双铰拱、圆环刚架作为主体结构的空间

| 毡房雏形

杆件系结构。毡房造型的主要特点是：使用面积最大，因为圆的面积在几何图形中是最大的；阳光直接照射面积少，圆形外壳和穹顶构造可比矩形反射更多的阳光。

阿克塞哈萨克族的毡房文化具有悠久的历史和广泛的社会基础。它在内容上反映了哈萨克民众的生产生活实践、宗教信仰以及生存哲学。装点美化毡房的刺绣、编制、雕刻、绘制等高超技艺，表现在毡房的挂毯、帷帐、布幔以及马鞍具、服饰、日常生活用品上。走进圆圆的毡房，看到哈萨克妇女倾尽心血、针针不苟的件件艺术品，令人赏心悦目，仿佛置身于艺术殿堂，也为哈萨克族人善良、勤劳、纯朴的思想情感和朴实无华的审美意念所深深感染。

哈萨克族以毡房为代表的传统建筑是哈萨克族人民长期生活经验和创造智慧的结晶。它对建筑设计、城市规划、美术创作、艺术研究等活动可提供宝贵的创作灵感和艺术素材。毡房技术不单单是一种实用技术，而且是一种创作艺术。同时，毡房技术又是具有美学价值的艺术，它可以反映社会生活、社会意识、人们的审美观念以及经济和科学技术的发展水平。毡房艺术和毡房技术是随着社会生产力的发展而发展，随着生活方式和生活水平的提高而进步的。随着时代的变化和社会的发展，哈萨克族毡房艺术也在不断丰富着它的创作内涵和表现形式。今天，发展精湛的哈萨克族毡房艺术、施工工艺和建筑创作思想，对于弘扬和发展哈萨克族毡房历史文化，促进社会的发展，丰富祖国灿烂的文化遗产宝库，具有重大深远的意义。

目前，随着经济全球化和我国改革开放的不断深入，人们的生活节奏加快，审美趣味、思维方式、价值取向等都有所改变。毡房艺术的空间正在变小，尤其在哈萨克族草原，毡房像过去那样在任何地点和环境使用的特性正在改变。社会的进步、金属工具的应用又进一步发展了建筑业，人们由此不再满足于毡房居所。人类在进步，社会在发展，建筑也有了全新的发展。建筑不再是避雨防寒的"屋"，而是门类齐全、功能完善的行业。由此，在广阔的哈萨克草原上出现了毡房以外的住宅建筑、城堡建筑、公共建筑等建筑类型。又随着市场经济的发展和文化生活的多元化，人们的审美需求也开始发生重大变化，毡房的来源，形状、应用、制作等这种古老的传统艺术，正面临消亡的危险。挽救和掌握毡房的这一日渐减少甚至濒危的建筑艺术，并古为今用、发扬光大是非常必要和迫切的。

哈萨克毡房的主要传承方式是民众集体创作，社会传承。目前在哈萨克族毡房的制作方面较有影响的人是居住在阿克塞哈萨克族自治县的马太，他熟悉哈萨克毡房的制作及其相关习俗。

陇东窑洞民居文化

| 西峰地坑庄

| 窑洞

甘肃陇东地区在地理上处于黄土高原区，气候干旱少雨，从远古时起，窑洞是陇东（庆阳）人民群众主要的居住方式。千百年来，形成了独特的窑洞民居文化。窑洞民居在庆阳市各县均有分布，尤以西峰和华池等地最有特点。2006年，陇东窑洞民居文化被甘肃省人民政府公布列入省级非物质文化遗产名录。2008年，庆阳窑洞营造技艺被国务院公布为国家级非物质文化遗产名录。

庆阳窑洞受地形地貌和地方风俗的影响，形式纷

| 西峰地坑庄

繁，千姿百态。在庆阳各地，随处可见这种古老的民居形式。庆阳窑洞主要有两种形式：崖庄和地坑庄。崖庄是人们在沟坡崖壁上掘洞筑室；地坑庄是人们从塬面上向上掘出一个方方正正的两三丈大坑，再由四壁向里挖出一孔孔窑洞，看起来仿佛是一个地下四合院。

庆阳市西峰区地处陇东董志塬中心，在西峰最有特点的当属"下沉式"窑洞（也就是地坑庄）。在庆阳的华池县，最常见也最有特点的当属明庄窑，也叫崖庄窑，包括方面庄和力圈庄，它一般是在山畔、沟边、城墙，利用崖势，先将崖面修齐，然后修庄挖窑，窑洞孔数依《易经》阳数为依据，有一庄三窑的和五窑的，也有五窑以上的。

陇东窑洞民居起源于古猿人脱离巢居而"仿兽穴居"时期，后经历史的发展变化，由穴居变成独特的窑洞。周先祖在庆阳地区挖窑洞，建村落，教民稼墙，开创了我国农耕文化的先河。夏商时期，先民们挖建的土窑洞遍布山塬谷地，密密层层，窑洞村庄鳞次栉比。《诗经》称其为"陶复陶

| 现代窑洞

穴"，并有记载，周文王的祖父古公亶父就依穴居住，此穴就是窑洞之先驱。陶穴，即下沉式的地坑庄院；复穴，即坡崖半敞式庄院。西汉时，窑洞的造型发展和内部设置更适合人们居住，比如烟洞、灶台都很讲究，利风利烟，窑洞内不再被烟尘熏染。唐宋时期，窑洞种类增多。各个窑洞作用也有了分工，就一个窑洞家庭讲，有客屋窑、灶房窑、畜圈窑、放柴窑等。修窑庄一般在避风向阳地方修建，避湿就干，避阴就阳，使窑洞居室有了很大进步和改观。此后，数百户、数千口的窑洞村落大量出现。明清时代，窑洞以安全、舒适、文明为目标向前发展，高大的围墙将一群窑洞围了起来。在庆阳的华池县，窑洞曾经星罗棋布，最多时候达到近 10 万孔，占居民住宅的 98%。据《庆阳地区志》记载和详细调查，20 世纪 40 年代末，全区有窑洞 86491 孔，建筑面积 246 万平方米，占乡村民居建筑总面积的 87.8%；50 年代末，全区有窑洞 84921 孔，建筑面积 263.86 万平方米，占乡村民居建筑面积的

| 古窑洞

87.45%；60 年代末，全区有窑洞 110074 孔，比 50 年代增加 27%，建筑面积 315.45 万平方米，占乡村民居建筑面积的 82.5%；70 年代末，全区有窑洞 125301 孔，窑洞总数和建筑面积均比 60 年代增加，但窑洞和房屋相比数量有所下降；80 年代中期，全区有窑洞 161296 孔，建筑面积 504.11 万平方米，占全区民居建筑面积的 47.34%。

| 陇东窑洞

| 陇东窑洞

陇东窑洞民居省工省料，亮敞舒适，冬暖夏凉，极适合人们居住和饲养六畜，是中国西北民间建筑的一大特点，又因多在塬边、沟边及山崖下挖制，不占用地表土地，可谓是最省钱、最省地、最环保的民居建筑形式，是我国建筑文化的重要遗产。陇东窑洞以前多为土窑洞，近年来出现了少量砖（石）箍窑。火炕是窑洞民居的又一特色，住人窑洞必有火炕，而不设床，窑洞开一门一窗和一高窗，门窗和高窗便于上下空气对流和采光，也可随时关闭保暖。窑洞的保温隔热、冬暖夏凉则是得益于黄土层的保温隔热性能，窑内冬夏温度可保持在 15℃~20℃之间，湿度在 35%~50%之间，非常适合人类居住。

| 现代窑洞

古人赞曰："远来君子到此庄，莫笑土窑无厦房，虽然不是神仙洞，可爱冬暖夏又凉。"

　　陇东窑洞民居文化见证着中国农耕文明的发展轨迹，是我国北方居住文明的源头，也是人与自然环境和谐共处的历史见证。陇东窑洞民居文化是中国民居文化的重要组成部分，有着极其漫长的历史渊源，孕育了一代又一代中华先民们繁衍生息的图腾文化。它与人们的生产、生活息息相关，是中华文明的

| 窑洞式民居

重要组成部分，是不可再生的文化资料，是研究陇东历史文化的活化石，极具历史价值和人文价值。

随着经济社会的发展和人民生活水平的提高，陇东窑洞民居正在逐步减少，虽然它不再是陇东人民主要的居住方式，但它作为陇东人民生活历史的见证，作为农耕文明最深刻的记忆，当代人应该将这种记忆留存、传承下去，应该将窑洞民居风格沿袭在新农村建设中或者通过文字、图片、音像资料记录曾经的窑洞民居文化，应该通过修建窑洞民居博物馆、民俗馆等形式保留这种文化记忆。当地政府已在小崆峒建成窑洞式民俗展馆一处，共有靠山式窑洞18孔，购置民俗用品1000多件，陈列了12孔窑洞。这里近年来已接待全国各地前来参观的游客达数万人次，让更多的人认识和了解了陇东窑洞民居。

在当地居民中，年龄50岁以上的农民对窑洞营造技艺还有记忆，其中华池县的张武栋、李双承、陈建新、陈建祥，庆阳市西峰区的李茂政都有着较高的窑洞营造技艺，是陇东窑洞民居文化目前的活态记录者。

| 陇东民居

迭部榻板房

迭部县位于甘南藏族自治州南部甘、川交界处，白龙江上游的高山峡谷地带。迭部东邻舟曲县、宕昌县，北接卓尼县、岷县，西南与四川省若尔盖县、九寨沟接壤。白龙江流域是古代西戎人的腹地，由于长期受戎族文化的影响，其民房建筑风格上自然会有浓厚的戎族色彩。《毛诗传》中就有"西戎板屋"之说，《水经注·渭水》中有"其乡居悉以板盖屋，诗所谓西戎板屋也"。迭部县境内的藏族群众，其旧式民居大多是半边楼的榻板房。2011年，迭部榻板房制作技艺被甘肃省人民政府公布为省级非物质文化遗产名录项目。

迭部榻板房是一种以木头为主的，土、木、石相结合的古老建筑。之所以称为榻板房，是因为在正房平顶部另外架起两檐水木椽屋顶，在木椽屋顶上顺斜坡再盖20厘米左右宽、1.5米左右长的松

| 迭部村落中的榻板房

木榻板，上排压下排，交接处横放半圆形细长条木杆，然后用石块压住，以防风吹错位，同时榻板能减轻房屋的负荷，又方便雨水顺流而下。房檐前后泄水处，横架一条凹型木槽，倾斜伸向院外以引屋顶雨水。屋顶三角架空间正前方一面敞开不隔，其余三面编藤条篱笆，抹上草泥隔成围墙，有的也不上草泥，或用皮板粗略钉住，里面堆放柴草及农具。榻板房架下的平房为正房，紧挨正房檐下分左右改起廊房，廊房平顶上盖一层厚厚的三合土，并与正房连为一体，正房高出廊房一米左右的部分，装一长方形的花格窗棂，作为正房室内采光用。左右廊房相距较近，与正房大门墙共同围成小天井，用一根木头做成独木梯，

| 榻板房房顶

| 房顶正面

| 仰视房屋

| 迭部村落中的榻板房

从门口斜搭廊房檐，通向廊房顶，廊房顶部常常清扫得很干净，供主人晒粮食、衣服或干零星家务活。迭部民居大多在森林边缘地带，气候多雨湿润，山多林密，就地取材建房方便，榻板房在严冬里，能吸热保暖，抗寒性能强。因此，榻板房建筑深受当地群众喜爱。

近年来，随着社会经济的发展、农牧民生活条件的改善，迭部民居也发生了巨大变化，特别是5·12汶川地震波及迭部，许多塌板房在地震中坍塌、毁灭，使迭部榻板房面临绝迹的危险。随后的灾后重建，红砖碧瓦、石棉瓦、铁皮瓦代替了原始的榻板，钢筋水泥修建的房子逐渐替代了榻板房这一古老的建筑形式。

目前，在迭部境内仍有极少数年长的藏族群众掌握着修造塌板房的技艺，其中最具代表性的是迭部县桑坝乡旺藏村的卡交。2011年，卡交被甘肃省文化厅公布为省级非物质文化遗产名录项目迭部榻板房制作技艺的代表性传承人。

甘肃民俗——交通

交通是人们相互交往、文化传播和商品交换的前提。在人类社会早期，步行是人类主要的交通方式。后来，人类发明了各种形式的交通工具，主要有陆上交通和水上交通工具两大类，并且在长期的实践中，积累了丰富的制作交通工具的经验和方法。

传统的水上交通工具种类繁多，原始时代通常用大树干、大葫芦、树皮或芦苇束进行漂浮。在现代水上工具发明之前，古代人们创造过众多的水上交通工

| 黄河上的羊皮筏子

| 骆驼客

具。沿用至近现代的有葫芦舟、皮船、皮筏、皮袋、桦皮船、独木舟、木板船等。

在甘肃，黄河流经地域长，尤其是甘肃境内黄河两岸有许多码头，为水上交通工具皮筏的运用提供了充足的条件和可能。作为黄河文化代表的皮筏，在历史上成为连接甘肃与周边的宁夏、青海的主要水上交通工具。黄河沿岸的汉族、回族、保安族、撒拉族、土族在过去常以羊皮筏子渡河、运输货物，成为甘肃历史上的一张文化名片。而在甘肃河西走廊，在千年的丝绸之路上，在茫茫戈壁中，骆驼成为主要的陆上交通工具，通过这一交通工具，世界各国人民、各族人民在开展经济贸易往来的同时，也传播各国、各民族的文化。甘肃民勤的骆驼客正是这一交通民俗的重要载体。

兰州羊皮筏子

　　我国使用皮筏历史悠久，古称"革船"。《水经注·叶榆水篇》载："汉建武二十三年（公元47年），王遣兵乘船（即皮筏）南下水。"《旧唐书·东女国传》载："牛皮为船以渡。"《宋史·王延德传》载："以羊皮为囊，吹气实之浮于水。"历史学家顾颉刚先生曾考证，"吹牛皮"的俗语即来源于此。

　　作为一种原始而古老的水上交通工具，皮筏既有羊皮筏又有牛皮筏，主要用于载货和渡客。

　　兰州皮筏子，相传是从清光绪年间兴起的，至今大约有150年的历史了。皮筏是甘青宁黄河水上航行的颇具地方特色的运输工具。它送人渡河、运载货物，一度成为甘肃、青海、宁夏货物贸易的重要辅助手段。皮筏是黄河文化的重要内容，为黄河沿岸人民生活和社会发展发挥了巨大的作用。2006年，兰州羊皮筏子被甘肃省人民政府公布为省级非物质文化遗产名录项目。

　　甘肃境内黄河流域的甘南、临夏、靖远等地，牛羊成群，为制作皮筏提供了充足的原料。以游牧为生的少数民族群众在长期生活中得到经验，从皮胎漂浮不沉的道理中，受到启发，用皮胎来装满衣物等，人抱

| 羊皮筏子与玩耍的小孩

着皮胎涉水过河。起初，是用牛皮胎将人或物装入后，吹足气，扎紧胎口，置入河中，由水牛推漂过河，到达彼岸后，再将人或物从袋中取出。这是最原始的牛皮囊水运方式，即牛皮袋。后在实践中得到发展，将牛皮袋捆在木排下制成皮筏。

| 黄河边的羊皮筏子

皮筏看似结构简单，皮胎制作却很繁杂。通常每年3至5月，气候干爽，又无蚊蝇，是制造皮筏的最佳时间。皮筏制作主要通过以下工序：

皮胎制作：将屠宰后的羊，割去头部及四肢，骨肉内脏由颈部取出，不损外皮。将外皮用水浸泡 3 至 4 日，有异臭味时，取出在强烈的阳光下曝晒 1 日，拔去毛并清洗干净，灌入食盐、胡麻油各半斤及少许水，后将四肢、颈部口用绳扎紧，再置于日光下曝晒，至外皮油润变成红褐

| 制作羊皮筏子

色即成皮胎，将皮胎折叠呈扁平状，存放备用。

充气：多采用两种方法，一种是吹气法，皮胎颈部四肢除留一入气口外均用绳扎紧，由人在开口处吹气，吹满皮胎后，将开口缚紧即成。这种方法因为特别费力，所以仅有少数人使用。另一种是打气法，以特制金属管，一端接入皮胎留口处，另一端缚在敞开一边留有小口的羊皮袋小口内，双手各撑持敞开两边羊皮袋，用力上下互相拍击，一张一合，空气进入羊皮袋后灌入皮胎，约三四拍即满，然后将口缚牢即可。此法较人工吹气迅速省力，因此多采用此法充气。

制作木排架：用长 7 尺、直径 2.5 寸的木椽 5 根，每根两侧凿边长

| 扎好的羊皮筏子

约 1.5 寸的方孔 20 个，作纵轴框架，再用长 4 尺，直径 1.5 寸的木棍 20 根，分别插入纵框架孔内作为横向框架，并用绳索捆绑结实。

组筏：将 13 个已充满气的皮胎，分前、后、中 3 列，前、后两列各 4 个，中列 5

个，用绳将皮胎绑在木框架下（皮胎腹部向上），即成一筏，每筏重约四五十斤。

制桨：用长约 6 尺的木板，下端扁，宽四五寸，上端较细而圆，宽约 1 寸。

皮筏的使用也很有特点，将皮筏置于河岸平地，或特建码头，皮胎面贴水面，木架面朝上，放入水中，一端靠岸。搭运旅客或货物登筏，须使筏上重量保持筏身平衡。放筏之人因筏子大小而定，一般小筏 1 人，大筏 4 人至 6 人，筏工蹲在皮筏前端，执桨看水势向前划拨，沿途检查皮胎，筏子便顺水而下。短途行筏时，客、货到达目的地后，筏工通常将筏子背在身后；长途行筏时，筏工则将筏子拆散，皮胎放气或取出装填物，晾干后扎好，或挑或扛走回上游。故有"下水人乘筏，上水筏乘人"之说。这些弄筏人被称为"筏子客"。筏子客需要具备良

| 筏子客

好的水性，才能在惊涛骇浪的黄河上游刃有余地弄筏。在风平浪静的时候，筏子客还会漫起悠长的花儿，或直接唱给岸边地里劳作的女人，或者唱给心中想念的情人。

皮筏的行程（无上水行程，因羊皮筏只能顺流而下，不能逆流而上），在洪水时期下行，平均每小时约行 10 公里，每日可行 100 公里，枯水时期平均每小时行 6 公里至 7 公里，每日行 65 公里至 70 公里，视水流缓急而定行驶速度。皮筏的寿命，以其可担负的行程计算，羊皮筏

| 羊皮筏子上的游客

约为 3400 公里。

载货皮筏包括大、中、小型。大型皮筏载货约 15 吨，由 41 排约 460 个皮胎组成，水手 8 人；中型载重 10 吨，由 30 排约 396 个皮筏组成，水手 6 人；小型载重 5 吨，由 27 排 330 个皮筏组成，水手 4 人。渡客皮筏为最小型、最普通的一种，用 13 个皮胎组成，载重约 400 公斤，水手 1 人即可，多为近途或沿河两岸往来渡用。

现在，随着现代交通的发展，皮筏作为交通和运输工具已经退出历史舞台，但是，它作为黄河文化的见证，如今已融于当地的旅游之中。外地的游客会坐上羊皮筏子，游览黄河沿岸的风光，还可以想象许久以前羊皮筏子在黄河上往来穿梭的胜景，似乎还能听到筏子客漫花儿的悠长歌声。也有一些民间艺人将羊皮筏子原型缩小制成盛菜器皿、装饰物、绢人、泥塑等民间工艺品。

目前，在兰州羊皮筏子的制作和筏子漂流技术方面有着高超技艺的代表性人物是马积德和罗宏。马积德在 20 世纪 40 至 50 年代还在兰州的雁滩、马滩一带从事皮筏渡人。马积德和罗宏目前都在黄河边从事羊皮筏子漂流，他们不但有高超的驾驭羊皮筏子在黄河上漂流的技巧，还会羊皮筏子的制作。尤其是马积德老人，制作的筏子美观、耐用。他们还有一绝技是凭借多年的漂流经验，对黄河水流、水势有独特的眼光，能够明辨水中暗流、险滩。2008 年，马积德和罗宏被甘肃省文化厅公布为甘肃省级非物质文化遗产名录项目兰州羊皮筏子的代表性传承人。

民勤骆驼客

甘肃民勤是甘肃乃至中国一个比较古老的县城。汉武帝太初四年（前 101 年），民勤设郡立县，距今已有两千多年的历史。民勤养骆驼有着悠久的历史，因其特殊的地理位置和自然环境，在历史上造就了民勤人和骆驼的不解之缘。《镇番遗事历鉴》记载：民勤在明成祖永乐十一年癸巳，始定养驼制，每五户养一驼，三年增倍，凡五丁养二驼者免应差，地亩征粮一半，五丁养五驼者，征粮皆免，一丁超养一驼者，按例奖赏，"故镇邑驼日有增加，不几年，其数至十万计"。

民勤人不但养骆驼，还将骆驼作为古丝绸之路上重要的陆上交通工具，而那些代代勤劳勇敢的在丝路上掌管驼队的人，则被称为骆驼客，他们在长期的运输中形成

| 黄昏下的骆驼客

| 沙漠中的骆驼队

了一些特定的规矩和风俗，沿袭百年。他们和他们的驼队为丝路商品贸易、文明传播做出了重要贡献。2011 年，民勤骆驼客被甘肃省人民政府公布为省级非物质文化遗产名录项目。

很长一个历史时期，民勤养骆驼是比较集中的，养殖数量大的区域有民勤的东湖镇、中渠、泉山镇、苏武乡、三雷镇等。养驼人最负盛名的当属明末清初的东湖镇的马永盛，俗称马百万。据说马家光白骆驼就有三百多峰，马永盛经营商业，开办茶庄，生意遍布全国十三省。北京、西安、洛阳、兰州等地都有他较大的茶庄货栈。在主要驼道"包绥路""汉中道"上，马氏商队络绎不绝。曾被雍正赐封"永盛"，咸丰赐"诏书""官商马合盛"，1907 年清政府连续颁发谕旨，以护国员外郎赐封马氏家族的马香亭为"货政大夫"。商务大臣张之洞题词祝贺。皇帝还赐宫中二女与香亭二子彤卿、选生联姻。马氏亦不忘皇家恩典，在民勤县城西门外，树碑八块，组成碑亭，以示纪念。只可惜碑亭毁于

"文革"，现今只有两棵柏树，苍翠挺拔，傲视苍穹。在这一时期，民勤养骆驼达到了高峰，驼户有三千户之多，骆驼总数约在四五万峰以上。

民勤地处腾格里和巴丹吉林两大沙漠的包围之中，在科学技术、交通运输非常落后的情况下，只能靠着骆驼来进行商贸交易，骆驼是货物流通、人们迁徙的主要交通运输工具。驼队所经之地，大都是沙漠、戈壁和草地，往往十数日杳无人烟。骆驼数日不饮不食，照样行走不误，因为骆驼腹中有水囊，可以蓄存水，驼峰中又能蓄存养料，可以照常供应。骆驼的这种特殊构造，使它赢得了"沙漠之舟"的美称。驼队主要驮运货物或兼以客乘，大体说来，往外运输的是本地土产，如毛皮、甘草、苁蓉、枸杞及民勤土布等，运进丝绸、布匹、钢铁、棉花、工业产品及日用百货等。

骆驼队有一定编制数量，每 11 只为一小队，俗称"一把子"。一般大户人家有 5 到 7 把子左右的骆驼。为了防止骆驼脱缰走散，或路遇劫匪，驼队最后一只骆驼的颈项上挂上一只"咋铃子"，声音清脆悦耳好

| 旧时的驼队

| 咋铃子

| 咋铃子

听。"咋铃子"是铜质的，有碗口大，口沿向内微缩，里面有四个捧槌形的铜（或铁）芯子，缀在"十"字形的铁丝上。为了防止野兽侵袭和相互传递信息，驼队的中间要挂大型的骆铃，是用薄铁皮制作的，其形状如微型的扁平的水桶。长尺余，正宽四五寸，侧宽一两寸，里面系一圆木芯子，芯子中心拴一束红色的缨子。驼铃一般要系在膘肥体壮、走式优美、富有摇铃经验的骟驼的身上。据说，掌柜的在家中远远听到驼铃声，就能分辨出是自家的驼队还是别人家的驼队，更能从驼铃声中分辨出买卖走势和生意盈亏状况，驼铃响起来很通人性，当听到"咕咚、咕咚"声时，就是"黄金、黄金"；"咣当、咣当"，就是"发财、发财"；反之"叮咚、叮咚、叮咚咚"，就是"倒灶、倒灶、穷倒灶"……

每"一把子"骆驼，必须有1至2人专管专拉，这些人就叫"驼把式"，多年甚至一辈子拉骆

| 驼把式

驼的人，称"骆驼客"。骆驼客经验丰富，胆识过人，有勇有谋，能够应付各种恶劣条件和处理突发事件。途中若遇狂风大雪，无法搭立帐篷，驼把式们就把骆驼拉成一个圈儿挨个卧下，人们在圈中拂开积雪，铺上栽毛脚蹬褥子，盖上羊皮大袄，睡在骆驼颈项下面，骆驼颈下的厚毛，可以把人完全覆盖，一夜不动，人就可以暖和地度过风雪之夜。

民勤骆驼队对民勤人的物质生活和精神文化都有着重要的意义和影响，不但为民勤引进了生产生活用品，扩大了对外贸易，将民勤本地的产品运出，促进了商货发展，而且由于驼队所行道多为荒漠无人之地，在长期的运输中，民勤的骆驼客们逐步积累了野外生存的各种经验，培养和锻炼了民勤人民坚强不屈的意志和吃苦耐劳的精神。

随着现代交通运输业的发展，骆驼及骆驼客从人们的记忆中远去，"骆驼客"、栽毛褥子、脚蹬毡、羊皮皮袄，悠扬的驼

| 现代骆驼客

| 野骆驼

铃声、清脆的咋铃子成了老一辈人的回忆，年轻人只能在文献资料中瞥见曾经的辉煌。现在，骆驼、驼铃等作为旅游景点的道具还存活在世人的面前。

民勤曹宗让的父辈曾经是当地较有名气的骆驼客，曹宗让从父辈那里学到了许多行业经验，虽然作为交通运输的驼队及骆驼客退出了历史舞台，但驼队的许多民俗实物被收集保存了下来。2011 年，曹宗让被甘肃省文化厅公布为省级非物质文化遗产名录项目民勤骆驼客的代表性传承人。

甘肃民俗——人生礼俗

　　中国是礼仪之邦。礼是儒家思想，是四书五经的重要内容。人们的一切言行都要以礼作为准则，非礼勿视、非礼勿言、非礼勿动、非礼勿听，礼已融入了人们生活的方方面面，在生老病死及婚丧嫁娶中形成了稳固的人生礼俗。

　　甘肃是华夏文明的重要发祥地之一，其人生礼俗也有着古老的历史、质朴的形式和丰厚的内涵。如甘南藏族婚礼从唐朝一直延续到现代，其对儿子女儿一视同仁，寡妇可以再嫁等观念也体现了以人为本的思想，充分显示出藏族的开明与豁达。华锐藏族婚俗将华锐民歌与婚俗礼仪完美结合在一起，这种完整的体系，全面地展现了华锐民俗的全貌。

甘南藏族婚俗

自唐朝广德元年（763年）辖归吐蕃以来，甘南藏族先民就按一定的婚姻规则组建家庭，聚族而居，并形成了一套相关的礼仪习俗。吐蕃时期，甘南藏族的婚姻礼仪便已基本定型。甘南藏族的婚礼具有鲜明的民族与地域特点，同时又带着厚重的时代印迹，呈现出传统与当代交织混融、多姿多彩的风貌。2008年，甘南藏族婚俗被甘肃省人民政府公布为省级非物质文化遗产名录项目。

甘南藏族婚礼保留古老的民风，淳朴而浪漫。藏族实行一夫一妻制的婚姻关系。如果家里有兄弟几个，除长子结婚料理家务外，其余诸子均出家为僧或到别家入赘。藏族对儿子、姑娘没有亲疏之别，儿子婚娶和女儿出嫁同等对待。上门女婿在女方家有

| 甘南藏族婚礼现场

发言权和财产支配权，理所当然地充任家长，在社会上代表家庭。寡妇可以再嫁或招婿，如有转房条件的，也可以转房，男子对前妻子女不轻慢、不虐待，与亲生子女一视同仁。即便婚前可自由恋爱，一旦结婚，男女双方均不得另有新欢。藏族地区同样禁止近亲结婚。

藏族婚俗分为提亲、定亲、娶亲等三个阶段。

提亲：藏族青年婚前与异性交往有充分的自由，往往以唱"拉伊"的方式结交情人。只要情投意合，小伙子的父母就请一位德高望重且能说会道的男子充当媒人，带上哈达、礼酒到女家说媒，如果对方父母接受了由媒人带去的礼物，则表示初步同意。

定亲：男方得到同意的喜讯后到寺院打卦选择黄道吉日，在女方家举行定亲仪式。女方家设宴摆席，款待男方家的亲戚，男方向女方亲人敬酒磕头，形成口头契约，有言为证，媒人作证。过一段时间，由原来的媒人再去女方家说情，经过双方的倾心交谈，尤其阿舅对这门亲事点头同意后，便开始商议办理婚事的有关事宜。主要是男方要为姑娘准备多少嫁衣和首饰之类的事情，有些地方女婿还要给岳母送一头乳牛。

娶亲：当男女双方年龄到十八岁以上时，男方请喇嘛打卦卜算吉日，举行隆重的婚礼。男女双方都做必要的筹备工作，届时接待宾客。

｜新婚夫妇

男方选派多个接亲人赶赴女方家，女方家举行隆重的出嫁仪式。第二天，男方接亲，女方送亲，组成接送队伍。出发前，请喇嘛诵经祈祷，接着队伍到男方家后，举行盛大而隆重的婚礼仪式。

　　婚礼一般选定在农历正月上半月的单日举行。举行婚礼的前一天，女方家设"女儿席"招待为姑娘送行的亲朋。男方也在同日举行迎亲仪式，浩浩荡荡的迎亲马队来到女方家，男人们前去问候，妇女们排成两行夹道

新郎受到夹道欢迎

欢迎。当新郎步入人群时，妇女们把早已准备好的水朝着新郎泼去，新郎快步向女方家中跑去，但还是逃不过姑娘们的水盆，此刻，亲朋好友们跳跃欢笑，仪式被推向高潮。帐房里，媒人把带来的各色衣饰一一展示，还要当面用幽默的语言，把新郎从头到脚地夸赞一番。男方的客人在女方家欢快地度过这一天后，同新郎一起返回，留下一匹明日供姑娘乘骑的白色走马。

　　第二天，当盛装的姑娘出阁上马，她的女眷们拥在新人坐骑左右，也随着哭唱送嫁歌，卓尼藏族称"打巴傲"。女方家送亲的队伍10至20人，除了两位伴娘，其余都是男性，统称"阿舅"。路上必经三道路席，最后下马送亲的队伍簇拥着新娘缓步走进男方家中。男方热情地迎接送亲的阿舅们，拴马、问候、敬下马酒，喜气洋洋。

　　婚礼开始，由一位长者，伸出托着长袖的双臂，向宾客们致意后，他左手执酒碗，右手无名指沾些酒，向天连弹三下，开始吟唱祝婚词。而后，男方的执事们忙着摆设喜宴，以肥美的羊肉殷勤款待尊贵的阿舅们。藏族婚礼新郎新娘无须拜天地、高堂，也无须夫妻对拜。喝酒不兴猜拳行令，只用歌声相互交唱，祝福敬酒。有的地方，青年男女围成一个大圈子，跳起一种叫"卓"的集体舞；有的地方女客跳唱"阿加"

| 婚礼进行中

（一种双人舞），男客唱"山巴"；还有的地方跳"罗罗舞"，以歌舞喜庆婚礼。宴毕，阿舅们仍领着新娘返回娘家，新娘在娘家居住一段时间，选择吉日，再由长辈送女儿到婆家。

婚礼当天全体客人参加"卓桑"仪式，仪式上煨桑，唱"协钦"，抛散糌粑粉，祈求神灵保佑，祝福全家吉祥安康。仪式结束后，亲朋乡邻可以陆续回家，但不能在同一时间告辞，而是分期分批离开，以免有人去楼空之嫌。客人辞别时，主人和留在家中的其他客人送到大门口，向他们敬献"切玛"和酒，并献哈达。客人离开时，边念诵吉祥的祝词，边往主人家方向抛撒青稞和糌粑。

甘南藏族婚俗属于世代流传，形成了固定的礼俗，尤其是藏族婚礼上的歌舞，不但增添了婚礼的气氛，更包含着诸多的藏族的文化内涵。其诸多观念还体现着平等、自由等。保护和传承这一文化，对于延续藏民族古老文化、促进民族团结和谐意义重大。

华锐藏族婚俗

华锐藏族婚俗主要流传在甘肃省武威市天祝藏族自治县境内，在张掖市的肃南县，青海省所属的门源、大通、互助、祁连、乐都等县的部分区域也流传着相同的婚俗。2011年，华锐藏族婚俗被甘肃省人民政府公布为省级非物质文化遗产名录项目。

| 华锐藏族婚礼现场

　　在敦煌文献资料的藏文残卷中，记载早在公元 6 世纪，古代藏族人的语言交流就有用民歌作为语言表达的习惯。而华锐藏族民歌又作为华锐藏族婚俗的重要组成部分，早在 1500 多年前，就已经与其婚俗血脉相连，互相依存，在这丰富多彩的歌唱文化里华锐藏人又渐次注入了他们的古老信仰与传统习俗，这样一来，一种形式独立、内容考究的婚俗活动逐步繁衍开来。

　　华锐藏族婚俗发展到今天，它从歌唱与仪轨两个方面整合了华锐藏族婚俗的全部风貌与文化内涵。一方面它代表华锐藏族人整体上的价值方向，勾勒出一套体系完整、形式独立的华锐地方本土的民俗文化活动；另一方面它代表一种文化姿态与其现实生活水乳相交形成的一套别具一格的文化信仰与理念体系，因此华锐藏族婚俗是一种集歌唱与仪轨于一体的民俗文化活动形式。

　　华锐藏族民歌作为华锐婚俗文化的广阔载体，是华锐藏族婚俗文化形态必不可少的文化繁衍手段之一，从哭嫁歌开始至吉祥祝福歌的结束，从整体上反映了华锐藏人在其婚俗文化活动里的歌词表演内涵及其文化展示寓意。华锐藏族婚俗中所唱民歌有：

　　哭嫁歌：哭嫁歌是华锐藏族姑娘在出嫁前改梳发髻的仪式歌，歌曲多以哀婉幽怨的格调表达了出嫁女对父母亲人的惜别之情，以及故土难离的伤感情怀。

　　迎宾曲：迎宾曲是华锐藏族人用于婚俗场合上的一种问候宾客的礼仪歌曲，它有一整套较讲究的完整体系，主要包括客人进门时的欢迎致辞，以及客人落坐后嘘寒问暖的关怀表达，它的曲与辞赋热情高亢，富有浓厚的好客色彩。

　　赞歌：在华锐藏族婚俗中女方家族代表团在举行衣饰陪嫁的交代活动时，要对每件首饰衣物的质量价值做一一介绍，藏语称"盖恰"。与此同时，喜客要致"衣赞"，其内容主要讲述嫁妆的历史渊源以及每件服饰的由来等。

诙谐歌：在多种婚俗场合中歌手通过插科打诨、嬉笑怒骂等多种风趣幽默的演艺手段，展现才艺、歌唱生活，这是华锐藏族人在婚俗场合里应用广泛的一种歌艺娱乐表达方式。

| 婚礼时穿着的传统服饰

讽喻歌：讽喻歌是华锐藏族婚俗活动里最为主要的对唱形式之一，歌手通过夸耀自己贬低对方等多种歌艺手段，求得集会热闹，它是婚宴上歌艺演唱的主流节目。

劝解曲：劝解曲是用在讽喻歌当中的一种插曲，当讽喻对歌达到白热化的对峙状态时，就会有人用它来出面调解。

吉祥祝福歌：吉祥祝福歌是婚俗宴会上的结束曲，是宾主双方互致的美好祝愿之辞。

华锐藏族婚俗仪轨作为华锐藏族婚俗文化形态必不可少的文化表现手段之一，从哭嫁仪式开始至饯行仪式的结束，从整体上反映了华锐藏族人在婚俗文化活动里的表现形式及其价值尺度。华锐藏族婚俗仪轨包括以下一些方面：

| 婚庆佩饰

戴头面仪式：在进行迎娶仪式时女方家的宴请被称为"什加派"，也就是戴头面仪式，戴头面仪式自然定在迎娶的前一天傍晚或是晚上。戴头面之前要梳头，把梳好的一个个小辫子装进发套，戴好"伽希""依玛阿热"，亲戚朋友都来为姑娘祝贺，一般客人多为女性。

送姑娘：出发前服饰佩戴齐全的出嫁姑娘按顺时针方向围绕自家庄园转三圈，再回到佛龛前磕头拜佛，祈祷佛、法、僧三宝以及神祇的佑护。这时准备出发的喜客代表团将马头勒向东方，顺着右手转动，当喜客代表团离开家门时，姑娘要回三次头看生养自己的家。与此同时，母亲手持福禄箭站在门口呼喊女儿的名字三次，据说这意味着不让家庭的福禄吉祥随之而去。针对这一传统习俗，当喜客代表团伴随姑娘离家时伴随的"拉翁"要诵"福运经"。

德古钦毛：在古老"十八婚俗"之说中有"每一个垭豁献一条哈达，每一条山沟设一处茶宴，每一座山嘴煨一堆火，每一处平坦铺一条毯子"的迎接风俗，后来将此简化为德古三仪轨，也就是现在所谓的"德古钦毛"。在"德古钦毛"仪轨中男方东家代表团所派遣的"德古瓦"驾驭膘肥体健的骏马，来到商定的地点燃起牛粪火堆，并铺设好毯子恭候喜客们的到来，这就是"德古钦毛"的一般表达方式。

接马迎喜客：喜客代表团的马队从东方来到男方家门口时，有两名穿戴齐全且生肖相

| 骑马迎亲

合的女士手捧洁白的哈达姗姗
而来，紧跟在后面的是数量不
限佩带齐全的妇女们，缓缓唱
着迎宾歌走来，前面迎客的两
名接马女士藏语称"达卡来
尼"，她们具体负责迎客仪式
的整个流程。

| 盛装出席的宾客

拦门盅里的迎宾仪式：拦
门盅，藏语称"高羌"。喜客
进门时主人家的歌手们围在门
口高歌迎宾曲敬献美酒，随后
喜客代表团入座在左边，以排
位为序，主人家的宾客在右，按辈数大小端坐，此时宾主依次轮流敬奉
"三宝"，致迎宾问候词"嘉览香览"。

抬大酒：喜客代表团莅临的当晚，男方家的东家们要举行抬大酒的
仪式。男方准备一坛酒，坛口上用五色彩带缠绕，上面献上哈达，四五
名身壮体强的男子吆喝着，装作沉重而抬不动的样子，缓缓挪动酒坛到
宾主相聚的宴会上，解开彩带，哈达献给首席的客人，随后置上"三岔
灶"，锅里盛上酒，这时有人说酒词，藏语称"羌先"，其内容主要是诉
说青稞美酒的来历以及在漫长的历史长河中美酒带给人们的欢乐和幸
福，以表达藏族人对故土的热恋。

说仲：所谓的"仲"分为两种，一种为羊肉分解后的部分组合，藏
语称"玛仲"；另一种是用酥油、奶酪、白糖、葡萄等加工而成，藏语
称"噶仲"。两种"仲"摆放在宾主间，然后进行说仲仪式。

羊肩胛骨赞词：在已准备就绪的羊肩胛骨上面，缠上一些白羊毛，

| 送亲

再放一点柏树枝叶。把它放入一只盛有青稞的盘子里，盘边放一点酥油表示吉祥。这时喜客中的拉翁或善于辞令者要颂说"羊肩胛骨赞词"，主东家要致答词。准备就绪的青稞盘子在仪式完成后要送还给婆家，这个形式暗示新娘已移交给了男方家。

尕什杂：说完"羊肩胛骨赞词"之后紧接着说"尕什杂"，在一个八宝吉祥碗里倒上酒，里面放上几粒大米，碗口抹一点酥油，首先由喜客代表团里的拉翁或其他人说"尕什杂"，说完后将酒碗敬给女婿，女婿要稍喝一点，然后，新娘手捧酒碗，新郎持酒瓶开始向双方长辈敬酒，这个酒不能喝，要用无名指蘸酒向空中弹三下后说祝福的话。这时主人家的拉翁要颂"招财经"。

瓦尔加：接下来宾主合坐一起，这个形式由喜客组织，让男方家的宾客、邻居等就座后，由新郎倒茶新娘端碗敬给客人喝酥油茶，茶只倒半碗，藏语称"瓦尔加"。每人喝完后要放些枣、糖果等，现在演变为放钱，不管怎样这种表达方式都忌讳回送空碗。

饯行客人：新娘的父亲在临别前，拿出一些象征性的礼物，如茶、哈达、酒等奉送给婆婆，交代一些姑娘的情况，并恳请她予以教诲，这个环节叫交人。当喜客骑上马要走时，东家们端着酒碗，捧着哈达，唱着吉祥祝福歌，给客人敬上马酒。

由于华锐藏族婚俗始于本土的民间文化土壤，发展于畜牧田耕的生活间隙，因此呈现出浓厚而独具特色的区域性民族文化特征。

华锐藏族民歌作为华锐藏族婚俗文化整体形态的广阔载体，是一种集歌唱娱乐于一体的民间民俗活动。而华锐藏族婚俗就建立在这样一个庞大而严谨的民歌文化土壤里，历经一千多年的漫长岁月，已经在这片土地上根深蒂固。当然在这里我们决不能将华锐藏族民歌与华锐藏族婚俗等同起来，在华锐藏族的婚俗仪轨里，除了部分民歌外，大多数民歌都有它相对固定的位置。

华锐藏族婚俗仪轨作为华锐藏族婚俗文化整体形态的形象框架，从仪轨活动的戴头面（哭嫁）仪式开始到饯行仪式的结束，全面系统地反映了华锐藏族人婚俗活动的全部风貌，这种完整体系的婚俗活动，是华锐藏族人独具特色的民间文化活动行为之一，它与华锐藏族人在各个社会时期的整个民族生存状态息息相关，是华锐藏族人传统文化的突出表现形式，它不仅涵盖了华锐藏族人的精神思

| 藏族传统饰品

想、信仰意识和价值取向，还涉及华锐藏族人在衣食住行等方方面面的存在形式，并代表了这些存在形式的所有内涵与外延。

华锐藏族民歌作为华锐藏族婚俗文化广阔体系的无限载体，它用语言辞赋的形式担负起华锐藏族人婚娶状态的全部风貌，并通过久远历史的传承，几乎承载起一个区域性文化的全部内涵。华锐藏族婚俗仪轨作为华锐藏族婚俗文化整体形态的形象框架，它用一整套完整体系从另一个侧面来印证华锐藏族人婚娶状态的全部经历，并通过老人祖辈的传统习俗及生活习惯构成了华锐藏族人源远流长的文化信仰与理念认知，用歌赋和仪轨，整合了华锐藏族婚俗的全部历程，从这个意义上讲华锐藏族婚俗事实上就是一种民歌与仪轨的有机结合体。而当我们了解了华锐藏族民歌所蕴含的深度内涵，以及华锐藏族婚俗仪轨所代表的寓意，也就了解了华锐藏族人婚俗所蕴藏的全部意义，同时我们也就阐明了华锐藏族社会的整体文化形态及普遍文化价值。

华锐藏族婚俗的文化价值一方面体现在它延绵不断的传承理念与信仰传递，在思想上体现了它对和谐自然的广泛解读。另一方面华锐藏族婚俗通过广泛接纳，并在一定程度上包容了民俗文化的深刻内涵。它集通俗性、艺术性、娱乐性、地方性、广泛性、自发性和民族性于一体，是反映华锐藏族人文化生活的一块活化石，更是研究华锐藏族人历史文化的一部现实教材与通俗读本。

华锐藏族婚俗是华锐藏族人传统文化的突出表现形式，它涵盖了华锐藏族人的精神思想、信仰意识和价值取向，涉及华锐藏族人在衣食住行等方方面面的存在形式，代表了他们存在的所有内涵与外延。它对科学地研究地方民俗文化提供了质量可靠的事实依据，更为扶持新型文化的繁荣昌盛提供了宝贵的精神资源。

天祝藏族自治县华藏镇的张拉先，生于 20 世纪 30 年代，从解放初就是华锐藏族婚俗活动的参与者、主持者。他的父亲是华锐地区有名的民间艺人，精通多种华锐藏族民歌歌词唱腔，张拉先自幼记忆超常，属华锐藏区首屈一指的民间歌唱家，是当地华锐藏族婚礼上必不可少的人物。天祝藏族自治县华藏镇柏林村的张罗周南加，生于20世纪20年代末，是华锐藏区著名的民间艺人，从小随其母牛勒草学酒歌，多次参与地方婚俗活动，并自行收集了各种类型的大量民间歌曲。尤其擅长赞歌、酒歌、情歌类的表演，在当地很有影响。2011年，张拉先、张罗周南加被甘肃省文化厅公布为省级非物质文化遗产名录项目华锐藏族婚俗的代表性传承人。

裕固族婚俗

裕固族，是全国唯一、甘肃省独有的少数民族之一，也是全国 22 个人口较少民族之一。裕固族婚俗是裕固族民俗文化的重要组成部分，它包含着裕固族古代语言、民歌、神话传说、谚语故事、传统礼仪等丰富的内容，也蕴藏着承袭数千年的传统文化内容，如萨满教、原始崇拜、佛教、民族史等等。裕固族婚俗是裕固人重要的人生礼仪，其婚俗内容丰富、特色鲜明。2011 年裕固族传统婚俗被国务院公布为国家级非物质文化遗产名录项目。

裕固族婚俗不仅丰富多彩，而且给人一种兼容并蓄、包罗万象之感。这种特殊的文化价值体系的形成，不仅仅是承袭其先祖文化的结果，也是裕固族在形成过程中复杂的历史经历导致的。裕固族婚俗的

| 裕固族婚礼现场

形成与其特殊的历史经历有关，先人信奉的宗教演变又与裕固族婚俗文化的构成有着更为密切的关系。裕固族婚俗中的很多方面都源于宗教因素，尤其是佛教和萨满教文化相互融合，佛教内容既有较早经西域传入的印度佛教文化，也有后来经藏族文化改造而形成的藏传佛教文化；有萨满教的自然崇拜因素，也有汉族多子多财的农业文化色彩。这诸种宗教观念相互吸收，汇集在婚俗中，形成裕固族文化的核心。

在婚礼的各个礼节仪式上，哈达成为普遍意义上的吉祥物，弥漫着浓郁的藏传佛教文化色彩。婚礼的主体仪式中也蕴藏着承袭千年的传统文化内容。如，裕固族婚俗的打尖仪式源于裕固族先祖回纥人的婚礼，史书记载回纥人"迎妇之日，

| 迎亲仪式

男女相将，持马酪熟肉节解。主人延宾。亦无行位；穹庐前丛坐，饮宴终日，复留其宿。明日，将妇归"。裕固族婚俗的射箭仪式中，新娘骑的白马为白象，象征吉祥，显然是受佛教的影响，新郎向新娘射三支无簇箭和新娘跨两堆火，这是萨满文化的具体体现。婚礼中的赞诵词内容多是天伦人理，美好祝愿，掺杂着喇嘛教教义，是裕固族婚礼不可缺少的内容。

裕固族婚俗有媒妁之言、父母之命，也有自由恋爱。到了婚龄，由男方准备聘礼，明媒正娶，举行隆重的婚礼仪式。裕固族婚礼仪式繁多而隆重，主要有：求亲订婚、选人请客、娘家宴请、姑娘戴头面、惜别送亲、打尖迎亲、马踏帐房、射箭拜天地、冠戴新郎、看验酒席、酒宴颂歌、新娘打茶、回亲等13项程序28个礼节。

| 戴头面仪式

主要程序要进行三天，第一天在女方家举行出嫁仪式，当启明星冉冉升起，首先要举行戴头面仪式，戴头面由两位少妇主持。舅舅或歌手们唱起典雅的《戴头面歌》，在悠扬的歌声中，即将出嫁的姑娘，在两位少妇精心打扮下，改变发式，戴上红缨毡帽，佩戴胸饰和背饰，戴上用银牌、玉石、珊瑚、玛瑙、海贝等编制成的头面。这个仪式意味着姑娘已经结束了天真烂漫的少女时代，走向新的生活。

第二天在男方家进行婚娶仪式，主要是打尖仪式，当送亲队伍快到

| 打尖仪式

男方家的帐篷时，新郎要委托几位能说会道、娴于骑术的人，在途中铺上一条毛毡，摆上羊肉、烧馍以及酒和哈达等物迎候，并邀请送亲的人们下马饮酒吃饭，谓之"打尖"。还有射箭仪式，新郎迎新娘时，女方客人要牵一匹白马，马鬃系一条哈达，男方门前要点燃两堆火，当新娘从火中间走过时，新郎用红柳做成的箭向新娘和两个伴娘射三箭，射中为吉利。马踏帐房，即到男方家门时，女方善骑

| 男方迎亲仪式

| 新娘在等待

者在主持人的指使下，驰马、骆驼向专为新娘设置的小毡房进行冲击，大有踏平之势。男方亲友则奋力驱逐。冲击三轮，再绕小毡房转三圈方休。这是一种象征性的仪式，其意在考验男方家对新娘的护卫能力。在婚礼上有"总东"要讲述婚俗来历的仪式，即"尧达曲克"。

另外，裕固族还有一种婚俗，即东部裕固语地区的"勒系腰"婚和西部裕固语地区的"帐房杆子戴头面"婚，它只是一种仪式，而不是真正的婚约，现已失传。裕固族婚俗的姑舅表婚制是一种原始婚姻制度，它表现在姑舅表亲婚配的优先权上，是母系社会的一种典型遗存。裕固族婚俗中有禁止在一个氏族部落内部通婚的习俗。

　　裕固族婚俗集中反映了裕固族的舅权制礼节、服饰习俗、饮食习俗和宗教信仰及禁忌等习俗，它包含了说唱艺术、历史变迁等内容，再现了裕固先民对大自然的认识和人生观、价值观等思想观念，对于研究裕固族从母权社会向父权社会演变，从原始信仰向一定的正规宗教信仰转化，以及裕固族历史文化、文学形态、哲学思想及生产生活的发展具有重要的史学价值和民族学价值。

　　随着社会的发展、生活水平的提高和现代生活方式的冲击，裕固族传统婚俗已趋失传，懂得其中的仪式、禁忌、习俗、赞词等内容的人越来越少、越来越老龄化，小轿车、摩托车替代了骆驼和马，裕固族传统婚俗面临失传。

　　在肃南裕固族自治县，目前熟悉和掌握裕固族婚礼的基本内容和程序仪式，而且可以用古老的语言和形式说唱部分主持词和祝福词的人有安维新、杨茂林、杜占贵、兰志厚、常福国、安福成、常福国等。其中安福成在 2012 年被文化部公布为国家级非物质文化遗产项目裕固族传统婚俗的代表性传承人。安维新、安福成、兰志厚、常福国 2008 年被甘肃省文化厅公布为省级非物质文化遗产名录项目裕固族传统婚俗的代表性传承人。

天祝土族婚俗

　　天祝土族婚俗主要保留在天祝藏族自治县境内的天堂乡、石门镇两个土族比较集聚的乡镇。自西晋时期吐谷浑在当地定居并建国后，就融合当地古老民族的风俗，形成了独特的风俗习惯，到明清时期，现在土族中流行的婚俗基本定型，但在不断的实践中有所扬弃，现在的天祝土族婚礼较好保留了传统土族婚俗的原貌。

　　土族婚俗由提亲、定彩礼、娶亲、迎亲、婚礼、谢媒、代客等形式组成。土族婚俗除正常的婚嫁形式外，还附带招女婿、抢婚、摸黑道三种风俗形式。

　　娶亲：一般需要两天，婚礼的头一天傍晚娶亲的队伍和新郎及善于言辞的、能歌善舞

| 天祝土族新娘

| 上门娶亲

而又通晓礼仪的"纳什信"（娶亲人）就出发了，并带上一只羊、猪肉块、美酒、馒头、新娘服饰等礼物，骑马走向女方家。

首先上门对歌，经过一问一答数十个回合，大门才能打开，纳什信刚踏进门槛，两边就泼水，将纳什信淋湿，据说这样可以驱除邪恶迎来吉祥。

其次进门献礼。纳什信进门后献礼上炕，用饭之际屋外阿姑在窗外唱歌嘲讽纳什信，纳什信并不生气，只能连连称赞"唱得好"。雄鸡叫了头遍，新娘开始改变发式和穿戴出嫁衣服首饰，同时纳什信在门外唱着赞美姑娘发式、首饰、衣物的歌曲。

新娘出门仪式：当太阳升起的时候，姑娘出嫁启程，到堂屋坐上红白毡，面前摆上一部佛经、一把柏枝、一升粮食、一把筷子、一碗牛奶、一块砖茶、一绺白羊毛等八样东西。纳什信们在堂屋门口舞蹈，有一人拿以上东西在姑娘头上

| 新人出门前的敬酒仪式

| 迎亲时给喜客献上哈达

绕一个圈，纳什信要对它们逐一唱赞歌。完后，由姑娘的兄弟扶她到院中，顺桑炉左右各转三圈，同时弟兄们要唱歌。

新娘上马仪式：姑娘出门上马后，她的父亲和哥哥手拿"羊巴尔"（木棒上系着哈达和羊毛），在姑娘头上挥舞，口里叫着新娘的名字，新娘应声下马，跑回堂屋，待一会又出来上马，这样恋恋不舍三次后才正式启程。这个习俗叫"阿扬"。纳什信在巷道里跳"安召"，娘家人组队送亲，唱"阿隆罗"歌。

迎亲：男方家组成的迎亲队伍在村外一二里处等待，献哈达、敬酒、唱歌、放三响鞭炮。到大门口放一个桌子，摆上酥油花的"西买日"、插柏树枝的牛奶，桌上放一个木制的方斗，装满粮食，插上系着哈达的箭和一个用红布包着的瓷瓶。喜客们到来后东家献哈达敬美酒，喜客用柏树枝蘸牛奶四方泼洒，绕着方斗撒麸皮边舞边唱，东家才让进大门。

　　婚礼：新郎新娘进大门时院落四角点燃四堆麦草，婚礼主持人开始主持，踩上白毡、跨过火堆、挑盖头、拜天地、拜父母、进厨房、入洞房。

　　谢媒：婚礼主持结束，男方家答谢媒人，院子里桌子上摆上酥油、炒面、牛奶、酒、木勺、一绺羊毛，请媒人入座，主婚人敬酒道谢。

　　待客：请所有客人坐席，席上有手抓羊肉、炒面、酥油、馓子、油馃、花卷等。歌手尽情赛歌，一问一答，十分热闹。天黑后在院子里燃起篝火跳"安召"舞。男方家给客人和舅舅专门谢礼。第二天送喜客。

│ 迎亲仪式

│ 迎亲仪式

　　除去以上正常婚礼程序外，土族婚礼还附带以下三种民俗形式：

　　招女婿：招女婿有两种原因，一种是只生了一女招女婿，给男方家送简单的彩礼，另一种是女儿已大，儿子尚小，家中急需劳力。以上两种婚礼仪式简单。第一种所生的孩子可改名换姓，也可不改，要改名换姓的孩子随母亲之姓。第二种招女婿是说定招来年限，双方不送彩礼，待其弟弟长大成人婚娶后，女婿再带着孩子老婆另立门户。

抢婚：因家庭贫困无力婚娶，男方和女方家说好后，在恰逢日食或月食的当天晚上，骑马到女方家房顶扔一把梳子后往回跑，第二天男方家请了"哇日那"和邻居到女方家要人，双方均不送彩礼、不待客和不择吉日。

摸黑道：提亲、送礼的习俗按照正常程序，只是由于种种原因择不到合适的日子，于是定于除夕之夜迎娶，免除了正规的婚礼程序，只简单招待娶亲人，新

婚礼前认真装扮

娘改变发式启程上马，到男方家直入洞房。正月初三亲戚朋友送礼贺喜，设宴款待。

土族婚礼仪式全面反映了本民族浓郁的文化氛围、独特的民族服饰、社火习俗及民族特性。丰富多彩的土族婚礼歌曲及花儿演唱、欢快的安召舞蹈和肃穆的宗教气氛是土族婚礼不可或缺的内容。

土族婚礼歌是土族婚姻嫁娶中演唱的风俗民歌和舞蹈歌曲，婚礼中的每首歌曲和仪式中的民俗活动有着密切的关系，特别是一些唱词本身就是反映民俗内容的，音乐则是这些活动喜怒哀乐的直接反映。

土族婚俗涵盖了土族文化中礼仪、宗教、服饰、饮食、歌舞等重要方面，研究和保护土族婚俗就相当于保护了土族的整个民族文化，也是

对中华文化多样性的保护做出了贡献。

目前天祝本地的土族人王明山和李生珠对土族婚俗的仪式、规程非常熟悉。王明山的母亲是互助土家姑娘，母亲常常讲解一些土族婚礼方面的知识。王明山本人从小就对土族婚礼略知一二，经过母亲的耐心指教和自己对土族婚礼的热心，对土族婚礼过程有了详细了解，现在已成为当地村子里较为突出的知情者和倡导者。李生珠通过多年对土族婚礼仪轨的记载收集，成为当地对土族婚礼习俗了解较为突出者，精通土族婚俗礼仪，属当地首屈一指的土族婚俗礼仪专家，还积极倡导土族人家举办传统的土族婚礼。

甘肃民俗——岁时节令

　　岁时节令是人类群体在漫长的农、牧、渔、猎文明中逐渐形成的精神文化和生产经验的结晶。作为一种群体性的文化符号，岁时节令的形成原因是多元的，或因季节变化而形成的生产生活方式，或因天文历法现象与人生的关联，或因某种民间信仰和宗教理念的推动，不一而足。随着一年四季气候的变化，人们的生产和生活也随之产生不同的需要和活动，逐渐形成诸多与节气相关的风俗习惯。

　　在甘肃，由于境内少数民族众多，各民族在长期的生产生活中，形成了代表各民族自身特点的岁时节令。在岁时节令的基础上形成一些传统节日，如汉族的春节、元宵节、端午节等等，藏族的藏历年、伊斯兰民族的古尔邦节等。在各种节日期间，通常有各种祭祀、娱乐或经济活动，形成多姿多彩的岁时节令习俗。如流行于甘肃许多地方的灯会，大

| 岁时节令民俗活动

多是依托春节这个传统节日而产生的民俗活动。

这些节日及依托节日而产生的各种民俗活动的表现形式各有不同，但大多都是以喜庆欢乐为特点。人们盛装出席集体活动，喜气洋洋，互相祝福，祈求风调雨顺、村寨平安。每一个岁时节令的起源都与原始天文历法观念有关，但几乎每一个岁时节令在当地老百姓中都有一个关于其原始起源的美丽神话、传说，这在我省的诸多岁时节令中都有相关反映，诸如巴寨朝水节、天干吉祥节、拉扎节等。当然，根据专家对诸多岁时节令及节庆的研究，这些神话、传说、故事并不一定是节庆的真正起源，相反，却是后代人附会的结果。

但是，在民间社会，老百姓更乐于接受这种附会的结果。因为，这带给他们心灵和精神上的安慰。更进一步说，各种岁时节令以及与岁时节令相关的庆祝、祭祀习俗是各民族创造的文化遗产，在日常生活和生产中具有重要的作用。它们不但在传统社会，对生产具有重要的指导功能，即使在当代，它仍具有极大的家族、民族的凝聚作用，几乎所有节日都含有祈求风调雨顺、团圆激情、和顺幸福的深意（二十四节气如此，二十四节气之外的也有，如农历二月初二日）；其次它丰富了人们的文化生活，使广大民众一年四季都有节日，而节日期间普遍有各种娱乐或祭祀活动。尤其是少数民族的岁时节日，大多都有集体性的歌舞娱乐活动；它还具有重要的经济价值，因为岁时节日习俗是文化产业的重要资源，可以作为旅游、参观的重要项目。

但是，不容忽视的是，随着经济全球化，外来文化对传统岁时节令、传统节日也造成了严重冲击，如外来的圣诞节、情人节、父亲节等洋节日的传入，使我们的传统民俗节日与民族节庆文化受到挑战，保护和传承岁时节令及其节日文化对于增强民族生命力、向心力、凝聚力、创造力有着十分重要的现实意义。同时，各种与岁时节令相伴相生的民俗活动、歌舞表演等，不但是珍贵的文化遗产，还可以作为我们文化产业的重要资源。

博峪采花节

博峪采花节又叫女儿节，是甘南藏族自治州舟曲县博裕山寨藏族群众的传统节日，于每年农历五月初五举行。是舟曲博峪藏族人民在长期的生产生活实践以及与各民族的历史交流融汇中逐渐形成的以原始娱神为内容，以具体的祭祀庆祝和纪念仪式为形式，包含原始宗教影响遗留

| 博峪采花节时姑娘们都精心装扮

的习俗和民间歌舞艺术等诸多文化内容的传统民族民间文化活动。2006年，博峪采花节被甘肃省人民政府公布为省级非物质文化遗产名录项目。

博峪藏族人有一个民间传说，在很早以前，博峪有一个名叫莲花的聪明姑娘，是她教会了博峪人开荒种田、纺线织布，改变了人们过去以野菜猎物充饥、树叶兽皮当衣的原始生活习惯。人们亲热地称呼她为"达玛"。

莲花姑娘常常上山采摘百花给乡亲们治病，有一年五月初五日，她又上山采花时遇到狂风暴雨，坠死于石崖下。从此当地人把五月初五日定为纪念莲花姑娘的日子，博峪人通过姑娘们上山采摘洁白的"达玛花"（枇杷花）这一特别形式来纪念莲花姑娘，逐渐形成了当地全民性的节日。

因为采花节期间伴随着大量的歌舞表演，所以采花节的前期筹备工作从四月十四日起就要着手进行，当地 15 岁以上、30 岁以下的女子，都要集中参加歌舞练习，以示隆重。五月初四日一早，博峪藏族每家都要派一男一女上山去敬山神，爬山时禁止调笑，以免亵渎神灵，男女都神情庄重，表示对神的敬仰崇拜，在寂寞疲惫时姑娘们可用对歌的形式相互盘问，上山时的人们在有神位的石岩、山泉前，叩首、焚柏枝、煨桑烟、鸣枪、跳舞、颂词，以愉悦神灵。

| 姑娘们用采来的花打扮自己

到了神山顶上，他们要隆重祭祀当地最大的两位神祇，一位是牧羊大神，一位是既是祖先神，又是战神、猎神的山神。仪式基本上与上山路途上拜各路神仙相似，不同之点是，要集中唱一首歌颂本部落先祖是如何完成从猴进化到人的历程的歌。歌词大意是：

十分遥远的远古人 / 本是猴子中一伙

与其他野兽差不多 / 但比其他野兽聪明

会穿树皮会用石器 / 会打猎

还有其他本事 / 猴子才变成了人

从猴子变成人 / 最早靠杀鹿充饥

那时还没有粮食 / 起初是用石头打

到后来用木棍打 / 再后来用了弓箭

人吃的粮食从哪来 / 粮食原本是草籽野果

是母猴来播种的 / 后来就变成了粮食

敬过神，唱罢这首有关人类进化史的创始歌，人们才开始宴饮歌舞，与神共乐。博峪五个藏族部落中的插岗、铁坝两个部落在过采花节时，还要选人扮成猴，披着猴皮，到每家每户祝福，诵唱吉祥歌儿。各家各户都以欣喜的心情恭迎、送行，临别还要慷慨送礼品酬谢。姑娘们则漫山遍野地采摘洁白的"达玛花"、火红的杜鹃花、天蓝的马兰花、娇艳的芍药花，然后把它们插在头上、腰间，手拉手围着达玛姑娘化身的枇杷花丛跳起"多地舞"，纵情歌唱："美丽花山百花开，丛丛都是花神栽。头层山坡兰花开，兰花一开牲畜乖。二层山坡红花开，红花一开米粮多。三层山坡枇杷开，枇杷盛开人免灾。"

夜里全体人员宿在山上，亲身体验莲花姑娘的艰辛，缅怀祖先的功

| 采花前集合

德业绩。年轻的姑娘和小伙子们围着篝火通宵达旦饮宴狂欢，把酒放歌，尽情展示才艺。姑娘小伙子可以对歌交友，互诉衷肠，花前月下缔结百年良缘。

　　第二天拂晓，大家吃了早餐，小伙子们采了香柏枝和野菜，姑娘们沿途边采花边歌舞，用采来的花装扮自己。大家一路高歌，对着茫茫林海和雪山唱《离别歌》："五色山花采到了，心中的祝愿诉尽了。耳听口弦声响了，离别的时间快到了。羊皮鼓儿敲响了，眼含热泪离去了。明年百花开圆了，采花姑娘又来了。"回来时绕开来时的路，从另一条路上返回。村里的乡亲们早早在离村寨不远的小桥边迎候，推选出三名歌喉出众的中年妇女接风洗尘，唱歌敬酒："酒儿本是三兄弟，水儿木儿和土儿。拉萨人喝的是酸奶酒，北京人喝的是大米酒，我们喝的是蜂汤酒，不喝的人儿喝三口……"敬酒完毕三名妇女挡在桥头，和采花姑娘对歌问答，满意后带领采花队伍回寨子。山寨口男女老少敬酒迎花，又拦路对歌。

歌舞结束，采花归来的姑娘们开始分头去向全村寨的人馈赠从山上采来的"达玛花"。一般先去无儿女的人家，祝福他们花一般地生儿育女。送完花，全寨人携花来到寨中主场，开始女舞男歌，围绕山花对山歌。传统歌舞结束后任何人都可以进场献艺，施展才情，民歌、说唱、现代舞、流行歌曲轮番上场，山寨成了歌舞的世界，欢乐的海洋。

博峪采花节伴随着优美的传说，在博峪藏族群众中延续、传承，成为当地群众生活的一部分。其中的音乐歌舞形式都有较为广泛的群众基础，形成了固定的表演形式和内容。歌分为告别歌、上山歌、采花调、离别歌、敬酒歌、过桥歌、祝福歌；舞主要是跳多地舞（罗罗舞）。作为一种当地全民皆欢的民俗节庆，在博峪各村都有熟知节日仪式的组织者和能歌善舞的表演者。

甘南夏河香浪节

　　"香浪"是藏语采薪之意。因藏语称木柴为"香"，樵柴称"浪"，故名"香浪"。香浪节是流行在甘南藏区的一个民间夏游节日，从夏河拉卜楞地区流行并逐步扩展到甘南各县区。2006年，香浪节被甘肃省人民政府公布为省级非物质文化遗产名录项目。

　　香浪节最早由拉卜楞寺四世嘉木样大师时期所创。当时，由于拉卜楞寺附近没有柴薪市场，所以寺内各学院、各府邸所需的柴薪，一律由本寺僧人到郊外自行采伐，规定每年三、四、五、六、八、九月为进山砍柴日期，过了规定的香浪日，一律不准进山。所以僧人们每到风和日丽、鸟语花香的季节，他们会带上丰盛的食品，到山上砍拾木柴，逐渐约定俗成。这一习惯又从

| 香浪节人们聚在一起

寺院流传到了民间，由僧人劳动采薪转变形成俗人夏游娱乐的项目。拉卜楞地区的香浪节在农历六月初六日后开始，至拉卜楞寺院僧众在桑科草原集中游玩结束，寺院附近村落及大夏河沿岸乡镇村庄选择各自适合的时日以十天至二十天不同时间段欢度香浪节。香浪节成为居住在拉卜楞一带的农区或半农半牧区的一种群众性自发的游山活动。现在，它已

| 人们在香浪节搭起帐篷

| 香浪节活动丰富

演变为甘南州藏族群众共同的节日。因此每年到盛夏农历六月，满山遍野都扎满了欢度香浪节的帐篷。

香浪节当天上午村里男子在村中公房或神山插箭台前"煨桑"祈福后，藏族和部分汉族群众不约而同奔赴山头或草坪扎帐篷，制作和摆放醇香可口的野餐。三五户一起，或以村寨为单位，在美酒、奶茶的相伴下，度过一段悠闲、浪漫的时光。

在香浪节期间，人们吃刚宰杀的牛羊肉和热气腾腾的血肠、面肠等最新鲜的食品，喝最醇香的酒，饮刚挤来的牛奶冲泡的酥油茶。斟满第

| 欢度香浪节

一碗美酒时，要侧右手无名指蘸酒向空中连弹三下，代表向天、地、人三宝致意。以游牧为主的藏族由于在地广人稀的环境中生活，对聚会与交流的渴望尤为强烈，香浪节恰为这种渴望的实现提供了机会。亲朋好友聚在一起，串帐篷，谈论国事家事及当前农牧业发展形势、农牧收入，拉家常、谈心、联谊。

在香浪节期间，农牧民们平日里从劳动中积累、创造的技能，在香浪节上得到充分的展示。在香浪节上，村与村、家庭与家庭之间，会开展赛马、赛牦牛、大象拔河、马背拔河、射箭、跑马、打靶、赤脚赛跑、摔跤、讲故事、打牌、"殷尕"（甩石）、跳绳、手球等娱乐活动。

夜晚人们围着燃起的篝火，男女之间互相对歌、跳"格尕"（锅庄舞），还有青年男女悄悄地聚在离帐篷稍远的草滩上对歌"拉伊"（情歌），表达彼此间纯真美好的爱情。民间的香浪节完全是享受人生的节日，是半农半牧区群众自发的游山活动。

欢度此节的藏族群众中还流传一种说法，草原是先辈游牧生活的发祥地，随着岁月的变迁，这个游牧民族中的不少人已逐渐过起了定居生活，但他们对祖先仍有着悠悠的怀念，对草原仍有着深深的眷恋，于是他们就以欢度香浪节的形式追忆祖先的游牧生活。

香浪节具有一定的地域性和民族性，各村落依山傍水，鲜花盛开，在香浪节期间人们支帐篷享受大自然的美景，体验祖辈游牧传统生活，具有极强的民族特色。香浪节期间所开展的系列活动，有极强的群体性、娱乐性和全民参与性，真可谓"男女皆欢，老少同乐"。香浪节流传至今成为当地民众自发的活动，并逐步成为政府发展旅游的宣传品牌，那一顶顶帐篷构成的一幅幅美丽的画卷，具有极强的观赏性。

香浪节是具有地域特色的民族民间节日，为传承本地民俗文化和原生态文化提供了现实平台。对促进甘南地区的精神文明建设，丰富人民群众生活，提高人民群众的素质，促进民族团结和经济全面发展，构建社会主义和谐社会，都将产生重要的作用。

| 香浪节时草原上布满了帐篷

巴寨朝水节

　　巴寨朝水节是甘南藏族自治州的舟曲县巴寨沟藏族及周边群众在每年的端午节举行的一项的传统民俗活动。在白龙江上游的舟曲县巴寨沟共有香拉、聪迪、冰阁、巴兹、杭尕、噶布、阿阳婆、蛇蚤屏八个藏族村寨，故称八寨沟，也叫巴寨沟。巴寨沟位于舟曲县和迭部县交界处，境内奇峰林立，云雾缭绕，古树参天，山泉飞瀑腾空直泻，景色十分秀

| 盛大的巴寨朝水节

| 仪式开始时的舞蹈

丽。每年农历五月初五日，舟曲、迭部和岷县等周边各地成千上万的各族群众自发地汇聚在巴寨沟境内林木茂密的主峰昂让山上，沐浴山泉飞瀑，载歌载舞，欢度一年一度的"朝水节"。2011年，巴寨朝水节被甘肃省人民政府公布为省级非物质文化遗产名录项目。

关于朝水节的起源，有一个美丽的传说。相传很久以前，巴寨沟瘟疫横行，民不聊生。天宫美丽善良的司医仙子怜悯众生，偷偷下凡驱走瘟疫，为群众医治百病，从此巴寨沟的人们过上了幸福快乐的生活。孰料山中有个邪恶的狐狸精觊觎仙子的美貌，趁仙子给病鹿治伤的时机将她击昏掠走。正在山中打柴的藏族小伙子巴卡奋勇追击，与狐狸精殊死搏斗，终于用宝刀砍死妖狐，救了仙子，自己却被狐狸精的毒血冲瞎了双眼。仙子苏醒后打开宝扇，从扇子里看到了巴卡与狐狸精舍命搏斗救自己的情形。仙子十分感动，用宝扇载着昏迷的巴卡进入自己住宿的昂让雪山洞府，治好了巴卡的眼睛。从此仙子与巴卡患难与共，相爱并结婚生子，共同造福百姓。王母娘娘知道了司医仙子违反天条私自下凡并与凡人成婚的事，命雷神施雷电击死了他们的孩子，并封死了他们居住的山洞。这一天正是农历五月初五日，当地百姓悲痛欲绝，赶到仙洞所在的昂让雪山绝壁下，绝食三天，煨桑奠酒，表达哀思。以后每年五月初五日，当地百姓都自发来仙子和巴卡殉难的地方祭奠，并颂扬传唱他们的功德。精诚所至，金石为开，许多年后的一个五月初五日，正在昂让雪山祭祀的群众忽然听到被封堵的山洞里传出阵阵金石撞击之声，石壁裂开了一个碗口大的洞，洞口长出一棵翠柏，随之一股清泉喷涌而出，悬崖下形成薄幕一样的水纱。正在下面祭祀的群众欢呼雀跃，纵身迎接。奇迹发生了！折磨乡亲们多年的眼疾、脓肿、腹痛、皮肤病等即刻痊愈了，大家个个神清气爽、精神抖擞。原来司医仙子化身药泉仙水，帮助百姓继续医治百病、赐福降祥。巴卡化身为洞口的翠柏，日夜守护着药泉仙水。从此以后，四面八方的群众都在农历五月初五日到巴寨沟昂让雪山下举行"朝水"活动，沐浴、取水，治疗疾病，祈祷吉祥。

每到五月初五日这天，巴寨沟的百姓们早早起来，穿上节日盛装，山寨里充满了节日的喜气。人们扶老携幼，成群结队来到昂让山下。

│ 上山朝水

从昂让山顶数百米高的悬崖石缝中飞泻而出的瀑布，形似飘带，声若雷鸣，浪花四溅，当地群众尊称其为"曲纱"圣水。因为传说"曲纱"圣水在端午节这天，被撒有仙药，沐浴和饮用此水，能医治百病，净化身心，消灾避难。朝水时，各族群众穿梭沐浴在飞瀑之下，鸣枪放炮，煨桑祈祷，诵经祝愿，企盼来年五谷丰登，六畜兴旺，国泰民安。有趣的是，朝水时，"曲纱"瀑布会随着人们的欢呼声时大时小，时远时近，变幻无常，据称遇到品行不端的人则避而不赐，仿佛人与自然在默默地对话沟通，达到了一种默契。在瀑布飞流的崖下，有十几眼清泉竞相喷涌，分别被人们称作明目泉、健身泉、长寿泉和聪明泉等，人们可根据各自的祝愿择泉而浴。

| 长长的朝水队伍

| 朝水队伍

朝水活动结束后，人们带着送给亲友的"曲纱"圣水，沿着鸟语花香的林荫小道下山，各路歌手拉开阵势相互敬酒，对歌献艺。回到村寨，身着节日盛装的藏族妇女们在场院手挽手肩并肩尽情地跳起"乐乐舞"，歌颂大自然、神灵和美好幸福的生活。男子们则由长者带领，持长矛大刀，在外围列队摆出威武的"龙阵"，吆喝跃进，模仿先祖们御敌战斗的情形，缅怀部族先辈不屈不挠自强不息的历史，尽情地展示巴寨藏族的古老遗风。当夜幕来临，通宵进行的篝火晚会上，此起彼伏的歌舞声响彻山谷，将节日的狂欢气氛一步步推向了高潮，整个巴寨沟成

| 人们在瀑布前朝水

了一座美丽的不夜城。

　　近年来，随着旅游和文化的高度融合，巴寨朝水节以它美丽的神话传说，独具特色的歌舞表演，丰富的民俗仪式，鲜明的民族特色，加上巴寨沟、昂让雪山优美的风景和丰富多样的生态环境，受到人们越来越多的关注和青睐。

　　作为一种流传久远的民俗活动，传统的巴寨朝水节是有严格的程序的，包括它整个活动中的歌唱和舞蹈——它的歌词及舞蹈动作有着特殊的意义，还包括祭祀用的器具制作的工艺流程技术及使用规程等等，这赋予了它丰富的文化内涵，也是巴寨朝水节独特魅力所在。目前，懂得并能践行整个活动过程的人已经很少了，其中舟曲县巴藏乡后背山黑水沟的郭殿成在多年组织参与朝水节的活动中，从长辈身上继承了这一活动的仪程，熟悉活动中的歌舞。2011 年，郭殿成被甘肃省文化厅公布为省级非物质文化遗产项目巴寨朝水节的代表性传承人。

甘南地区插箭节

作为藏族宗教文化的一个典型代表，插箭节是甘南藏族地区最具特色、规模较大而又富有情趣的宗教文化现象之一。甘南藏族插箭习俗是藏族民间流传的古老的由祭祀仪式衍化而成的节日。2006年，插箭节被甘肃省人民政府公布为省级非物质文化遗产名录项目。

英雄史诗《格萨尔王传》中记载的英雄人物格萨尔，他之所以英勇善战、战无不胜，是因为在很大程度上得益于战斗武器——神奇的弓箭。在战争的许多关键时刻，格萨尔都是靠手上那把威力无穷的弓箭取得了作战的胜利，人们由此也认为自己的祖祖辈辈在与别的部落进行的战争中取得胜利是因为弓箭的神力。所以，弓箭作为一种武器，已经超越了作为兵器的意义，成了部落的守护神。

| 插箭节开始

| 高高的箭垛

在古代，藏族各部落间的战争很频繁，为了获取战争的胜利，或者为了祈求在战争中减少伤亡，每当出击其他的部落前，人们都要举行盛大的插箭仪式。

现在这种用来求取战争胜利的祭祀仪式已经演变成了民间祭祀山神的习俗。

依据祭祀的神灵和祭祀规模的不同，其称谓也不相同。寺僧用来祭祀护法神的活动叫插"拉托"，部落联合用来祭祀战神的大型活动叫插"化卡尔"，各个村落祭祀山神的活动则叫作插"拉卜则"。其中祭祀山神的活动是当今这几种形式中最普遍的一种，这一形式已成为甘南地区各类自然崇拜中规模最大、影响久远的宗教祈愿礼俗。

甘南藏族插箭节一般由各村落依照一定的宗教仪式选定在每年春暖花开的农历五、六月间举行。基本内容主要有前期备物、煨桑、插箭、扬"龙达"、举行赛马会、射箭比赛等。

在插箭节的前一日，各家各户都要准备好第二天所用的物品。主要物品有拌桑仔（或叫煨桑物），即用炒熟的青稞、糌粑、酥油、糖果、酒、鲜奶等食物合拌而成的物品；"龙达"（也叫风马），即印有风牛战马的二寸见方五色纸符，四个角子印有虎、狮、鹏、龙四物；插箭节上所用的箭，是一节长约6米左右的笔直而光滑的木杆，木杆的根部削成箭头状，顶部用羊毛穗子绑上柏枝，柏枝下面扎有三角形的三块彩色木质箭羽；每块木板用红、黄、蓝、绿等色绘成一定的图案，图案内容分为四层，最上层是日月，日月连着莲花，中间是狮子、海螺、法器、菱形符号等，最下层是起伏的大海。木板下面缠有哈达或彩布条、羊毛枝。

| 插箭现场

第二天清晨，去插箭的人带上备好的东西骑马奔向本村的祭祀神山。当东升的太阳照射山尖时，一般由高僧或村长在煨桑台上点燃柏树枝，只见高约一米见方的桑台上冒起滚滚浓烟，随之众人便争先恐后地往桑台上添加各自带来的柏树枝和桑仔，大把的柏树枝在熊熊

| 插箭现场

烈火中爆出噼里啪啦的声响，人们呼喊着"拉嘉洛""拉嘉洛"（意为"神胜利了"）的祭祀诵词，从怀中掏出大把大把的"龙达"向空中抛撒。顿时，天上地下飘动着白茫茫的纸片，犹如万马奔腾，给神灵带去了人们真诚的祝愿。期间，人们一次又一次地呼唤神灵，表示对山神的崇拜，祈求吉祥降临人间。

随之人们将拴有哈达的箭双手高举按顺时针方向缓缓绕桑台一圈，再绕箭垛三圈，待两支最长的公用箭（一支属大活佛，一支属村庄）插完后，将自己的箭插到长箭周围。插箭台是一个大致呈正方形、四周由坚固的木栅栏围着的或用石头做成的一米高的石台，外缚经幡，缀以羊毛、哈达等洁白之物。下面埋有经卷、经文和果品、牛奶等吉祥供品。里面插放神箭，前一年的旧箭在插箭仪式举行之前清理掉一部分，插箭节这天插入新箭，新箭簇拥着旧箭，加之色彩对比强烈，蔚然矗立于山巅，象征着一个民族或一个村落的不可欺凌、不可战胜。此时此刻，桑烟升腾，风马飘落，人们不断呼喊着神灵，"拉嘉洛"的呼声响彻云霄。有马的骑马环绕箭垛狂奔，有枪的向空中鸣放，插箭活动达到了高潮，人们的心情激动万分，整个仪式不但笼罩着神圣庄重的宗教色彩，也表现出了一副激烈的战争画面。

随着晨曦渐渐铺开来，祭祀山神仪式开始落下帷幕，众人慢慢散去，仍有一部分人留在箭垛前，他们有的给山神缠上五色吉祥彩幡，或者扯换用牛毛绳捻的通天绳，愿山神帮助自己在临终时能搭天绳去"天国"，并祈求神灵感知他们内心的苦衷，多多给予照顾；有的则在箭垛根处深埋五金和五谷（金银等珍贵金属和麦子、青稞、豌豆等），然后叩头祷告战神保佑自己财源滚滚，日子兴旺。

插箭节这一独特的节日是藏族人民在特定的自然环境、文化历史环境和长期的生产生活中传承、延续下来的群众参加的一种"文化空间"

| "龙达"飞舞，人山人海

| 神圣的仪式

形式，具有广泛的群众性和民间传承性。它的历史渊源、活动时间、地点、参与者及整个活动内容，表现形式无不与藏传佛教息息相关。插箭节上的神箭作为山神保卫村落的武器，将要经受风吹日晒，伴随着神灵度过 365 个日日夜夜，同时它象征着山神的威严，象征着一个民族、一个部落的不可欺凌、不可战胜。这是藏族人民对山神的崇拜。

插箭节在甘南各县区每年举行，参与者不分男女老幼，都会在本村择定的日子里自发地完成整个仪式的各项程序内容，共同祈求山神保佑当地风调雨顺、五谷丰登、人畜兴旺。

多姿多彩的插箭节作为流传于甘南藏族的传统节日，与生活在这里的藏族人民的生产活动、文化生活、宗教信仰密切相关，是藏族人民精神和灵魂的一部分。这种节日世代相沿，多以有一定威望的高僧、长者、部落首领、各村村长来主持完成整个过程。

天干吉祥节

天干吉祥节流传于舟曲县铁坝乡天干沟藏族村寨，举办于每年的农历七月十五日。2011年，天干吉祥节被甘肃省人民政府公布为省级非物质文化遗产名录项目。

关于天干吉祥节的来历，当地有一个传说。相传在很久以前，在铁

| 天干吉祥节仪式

坝乡天干沟一带，风景优美，气候宜人，人们过着安居乐业的生活。突然有一天，正当青壮年在田间劳作，老人和小孩在寨子里看护家园时，天空中电闪雷鸣，鹅卵石般大的冰雹夹杂着倾盆暴雨，顷刻间，山洪泛滥，泥石流奔涌，一马平川的良田成为几丈深的壕沟，村寨尸横遍野，良田家园被毁，瘟疫病灾不断。于是，人们到山外的寺院算卦，得知是妖魔嫉妒此地优美富庶，制造灾难驱赶百姓。百姓们自愿献出了自家的炒面和供品煨桑祈祷，感动了上天，便派大仙除了妖。从此，百姓们又重新过上了幸福生活。这一天正好是农历七月十五日，当地人在每年的这一天，煨桑祭祀，祈祝吉祥。从此，形成了今天的天干吉祥节。

天干吉祥节共有煨桑、插箭、祝福三部分内容。

吉祥节的前期筹备工作从七月初十起就开始了，人们要着手准备吉祥节的供品、美酒、食品、用品。七月十五日的凌晨，天干沟的群众着

| 天干吉祥节仪式

节日盛装，村寨里的高僧或德高望重的长者带领青壮年男女上山。男子们一般骑高头大马，身背猎枪，腰挎板刀，领上猎狗，带上供品，煨桑举行插箭、祭拜山神仪式。妇女们步行上山，一路欢歌，到山顶

| 人们载歌载舞

的"枇杷沟"采摘枇杷花、山荷叶、野葱花。路上人们见到山泉则唱歌饮用。男女汇聚山顶后齐唱："我们来给长寿树插箭，来把吉祥石堆砌，来喝山泉神水，来穿荷叶衣，我们为此而歌唱。"然后举行祭祀天神活动，祈祷来年国泰民安、人寿年丰、六畜兴旺、吉祥和顺。接着大家喝酒吃肉，唱祝福吉祥的歌。临下山，人们也要唱歌，歌词大意是：已给长寿树插了箭，已给吉祥石堆砌了，已采到枇杷花蕊，已喝足了溪水，已穿了荷叶衣，我们为此而欢歌。

下山后寨子里没有上山的男女老少都来到村口迎接、敬酒，还要给每家每户送祝福，诵唱吉祥歌儿，各家各户都以欣喜的心情恭迎、送行、酬谢。然后一同来到村寨里的打麦场，煨桑祈祷，诉说一年来的"运程"和民情，发心许愿，祈求神灵保佑全村平安、人丁兴旺、风调雨顺、吉祥如意。祈祷完毕开始歌颂神灵，歌唱祖先的智慧和恩德。然后人们开始宴饮歌舞，与神共乐。跳起"突谷"舞、猴子舞，模仿大仙作法的姿态，随后模仿并描绘祖先的原始生活状态，歌唱部族的起源和进化历程，唱词中说祖先是猴子，靠采食野果草籽为生，后来用石块打猎，用木棒打猎，以后又发明了弓箭。母猴种植草果生产出粮食，养动

物幼崽成为牲畜，穿荷
叶和兽皮衣服，祖先们
才解决了吃和穿的难题，
变成人生活了下来。到
了傍晚，当歌舞结束后，
人们在欢笑中收场。

　　天干吉祥节主要流
传于甘南藏族自治州舟
曲县乡镇藏族聚居区，

｜ 人们载歌载舞

是当地藏族群众祭拜先祖、喜庆丰收的庆祝活动。从天干吉祥节中的唱
词和舞蹈中还依稀可见先民们在草果和猎物最丰富的七八月份欢庆丰收
时的古老庆祝活动的场景，其唱词更是关于人类进化的史诗。挖掘、保
护、传承天干吉祥节中丰富的文化内涵对于研究和见证中华民族的史前
文化，对于研究完善中国民间音乐、舞蹈、文学、民俗等学科具有重要
的价值。同时，对于丰富舟曲拱坝河流域人民的精神生活，促进社会和
谐发展具有重要作用。

临洮拉扎节

拉扎节盛行于定西市临洮县南部的南屏、衙下以及相邻的渭源、康乐一带，源于当地民众对"五谷神"（也有的地方叫"山神"）的信仰和感恩。"拉扎"在藏语里是"山神"或"登高"的意思，人们过拉扎节是希望能够敬奉山神、祈求风调雨顺、五谷丰登，它是甘肃境内藏汉人民为庆祝丰收、走亲访友、共建和谐的节日。2006年，拉扎节被甘肃省人民政府公布为省级非物质文化遗产名录项目。

关于拉扎节的形成，在临洮当地有一个美丽的传说。相传很久以前，在风景秀丽的紫松山下，有一座藏族村寨，寨子里有一个叫拉扎的少年很机灵聪明。有一天拉扎放羊的时候发现河里一条娃娃鱼从水中爬出来使劲往树上攀登，

| 临洮拉扎节仪式

原本干燥的岩石上变得湿漉漉的。不久，天空下起了大雨。这些奇特的
自然现象引起了少年拉扎的好奇，于是，他每天放羊的时候就仔细观察
山里的自然现象。久而久之，什么鸟儿叫是大晴天，什么鸟儿叫要下大
雨，什么虫儿活动频繁要刮风下雨，拉扎都有了经验，他掌握了一整套
天气变化的常识。有一年，正是青稞成熟的季节，拉扎放羊时注意到山
里一群乌鸦，接连几天傍晚在寨子后面的树林里呱呱叫唤，根据经验，
拉扎立刻告诉乡亲们不久将有冰雹降临。待乡亲们收完地里的庄稼后，
果真下起了核桃大的冰雹，拉扎挽救了乡亲们的庄稼！拉扎会预知风雨
的消息被当地土司知道了，土司打发管家叫拉扎去他的庄园种庄稼，以
避免他的庄稼遭受风雨的侵袭。拉扎想到土司平时在寨子里作威作福、
欺压百姓的行为，就假装很老实地给土司种庄稼，暗暗等待机会要狠狠
教训土司。等到土司庄园里的庄稼都要准备打碾时，土司问拉扎，这几
天天气怎么样，拉扎回答说："这几天天气好得很，太阳要把脸晒破
哩。"于是，土司就命令奴隶们在麦场上摊开庄稼碾打，谁知没过多久，
天空乌云密布，即刻下起了倾盆大雨，漫山的洪水一下将土司的粮食冲
得无影无踪，土司知道拉扎愚弄了他，非常生气，下令让爪牙们把拉扎
抓来，一顿乱棍打死了。拉扎死后，变作一只双音鸟，每天早上在寨子前的大树上发出"拉扎，拉扎"的叫声，这样一叫，乡亲们就知道今天是好天气。有时候，鸟儿

| 拉扎节传统表演

| 拉扎节传统仪式

发出"土司，土司"的叫声，就知道要刮风下雨，乡亲们根据拉扎鸟的叫声，安排耕种，十分灵验。人们为了怀念拉扎，每年庄家收获后，每个村庄都要祭祀拉扎。随着时间的推移，这种活动逐渐演变成人们庆祝丰收、联络感情的节日，但祭祀的遗风依然在现实活动中留存。传说虽然不会是一个岁时节令的真正起源，但它与这一岁时节令相关的地理、人文等还是有密切联系的。

临洮南部山高林密、地形复杂、气候多变、自然灾害频繁，老百姓春播之后就在险要山头插山神以求神灵保佑风调雨顺、五谷丰登。秋收之后，新粮打辗，为了表示对"神灵"的感激，便开展一系列祭山神的活动。

从每年的农历七月十五日开始，一直到十月初一日，在两个多月的时间里，以自然村为单位，按各自约定俗成的日子，人们欢度拉扎

| 拉扎节传统服饰

节，其盛况不亚于春节。每一个村庄的拉扎节到来的时候，这里的群众便买好酒、杀猪宰羊，提前做好节日的准备。节日这天，亲朋登门，全村群众沉浸在欢乐的海洋里。拉扎节除了吃喝玩乐，走亲访友，还有一项重要的内容是祭祀山神。祭祀山神（也叫跳山神）将拉扎节推向高潮。

祭山神活动一般要三天时间，通常是每三年一"大跳"，"大跳"是指整个祭祀仪式比较完整。第一天为设坛请神，法师身着神衣，头上扎有尺许长的小摆头，手持羊皮鼓，随着鼓点的指挥，头上的小摆头频频转动，翩翩起舞，几个人动作整齐划一，别有风趣。第二天是祭神，法师嘴里念念有词，也有三国故事等问答对唱，词曲流畅、舞姿古朴。第三天是跳黑神，跳护神，法师用油灯打花脸，将脸涂黑，口含猪牙，形象凶恶。法师边唱边舞，并乘机将脸上的黑墨涂抹到围观的男女脸上，表示吉祥。夜晚还要放火把，村里每户都要扎制一个丈余长的火把，从各家各户的院落点燃后，一齐汇聚到跳神的村口，并将神场上表示"瘟神"的纸人点燃，名曰"送瘟神"，跳神活动才告结束。拉扎节期间的大小村庄，走亲访友的人络绎不绝，羊皮鼓声此起彼伏，整片南乡的山水陶醉在节日的欢乐里。每家每户，亲朋来往穿梭，好友出出进进，男男女女穿戴一新，互相祝福，谈天说地，频频道贺，一片喧哗。油馍油馓端上桌来，大块吃肉、大碗喝酒、划拳猜令，好不热闹。有些群众还利用这一喜庆的机会，给儿子定亲，出嫁姑娘，操办喜事。这种热闹的场面通宵达旦。有的村庄过一天拉扎节还嫌不够，还要延续一两天，本家亲戚来过拉扎节时要拿大馍馍，表示送新麦面，朋友来时，带点礼品以示祝福。走的时候，也要带上礼品，一般也是新麦面馒头。

当地有句谚语，叫作"八月十五满川，九月九满山"，说的就是从农历七月中旬到十月上旬的近3个月时间里，拉扎节从平川开始再到山上的渐进过程。也说明拉扎节在农历八月十五日和九月九日达到了高潮，川路上和山路上都是来来往往吃拉扎的人们。

在拉扎节的整个活动中，跳山神的师公是灵魂人物，他们作为这一民俗活动中人和神的媒介，要懂得跳山神的整个仪式过程，要懂得各种道具的用途、象征意义。他们不但是组织者，还是表演者。在过去的年代，能担当师公角色的人并不多，到现在少之又少了，这也是为什么拉扎节从七月开始到十月才结束，逐渐从平川慢慢向山地过渡的原因，除了气候因素，与其中的组织者、灵魂人物师公少也有很大关系。因为一个村子，什么时候开始过拉扎节，基本是由师公说了算。在文化落后的农村，师公一类的角色是当地文化的代表者。

| 拉扎节传统表演

西和县乞巧节

　　每年农历七月初七日这一天是我国汉族的传统节日七夕节，因为此活动的主要参与者是少女，而节日活动的内容又是以乞巧为主，故而人们称这天为"乞巧节"或"少女节""女儿节"。甘肃的乞巧习俗主要流传在西和县漾水河流域各乡镇（十里、长道、稍峪、卢河等），以及西汉水上游西和县与礼县接壤的十多个乡镇（祁山等）。这一民俗活动已有千余年的悠久历史，具有丰富的文化内涵和显著的地域特点。在新中国成立后的一段时间内，这一风俗曾出现衰落，改革开放后得以复苏。近年来，在相关部门的保护、扶持、引导下，乞巧民俗文化活动逐渐兴盛。2006 年 10 月，西和县被中国民间文艺家协会命名为"中国乞巧文化之乡"。2006 年 10 月，乞巧节被甘肃省

| 乞巧节人偶

人民政府公布为省级非物质文化遗产名录项目。2008 年 6 月，乞巧节被国务院公布为国家级非物质文化遗产名录项目。

| 巧娘娘纸偶

七夕节最早来源于人们对自然的崇拜。从历史文献上看，至少在三四千年前，随着人们对天文的认识和纺织技术的产生，有关牵牛星和织女星的记载就有了。西和、礼县的乞巧活动，源于牛郎织女的神话传说，与当地的天文现象和独特的地理环境密切相关。乞巧中的"巧娘娘"是传说中王母娘娘的第七个女儿，即织女，又名七仙女。

与全国其他地方相比较而言，西和县的乞巧活动最为特殊、最为隆重，持续时间也最长。《西和县志》载："从七月初一至初七日，进行乞巧活动。妇女连日歌舞，用歌词乞求巧娘娘保佑自己心灵手巧，也常常抨击封建买卖婚姻。"史书记载迎送"巧娘娘"的过程有"接请、梳头、教线、取水、转饭、送别"等环节。

乞巧活动从农历六月下旬就开始准备，七月初一日正式开始，到初七日结束，历时 7 天。活动内容分为坐巧、迎巧、寻亲、乞巧、送巧五个阶段。"巧娘娘"进门出门都要鸣放鞭炮。

坐巧：是过乞巧节的准备阶段。村里的姑娘、媳妇们商议"巧娘娘"要坐在谁家，一般是在有未出嫁姑娘、房屋比较宽敞、父母比较开明的人家里"坐巧"。每家要提前 10 天生两碗麦芽或玉米芽，芽长要达到 15 厘米以上。媳妇们要编创歌唱家乡变化的新歌词，姑娘、少女们

| 掐花瓣

| 姑娘们唱起"迎巧歌"

要排练舞蹈。七月初一的前一天，姑娘们穿着新衣结伴而行，到纸马店去"请巧娘娘"（即买"巧娘娘"纸偶），请回后安坐在上席，摆上新鲜水果、油炸面食等供品，并将准备好的麦芽或玉米芽摆在供桌显眼位置，以待乞巧时掐"花瓣"。一个村子坐巧的户数没有限制，大多数是一家，大一些的村子往往有两三家。

迎巧：农历六月二十九日或七月初一日晚（忌称"三十"，如果遇上三十日也要叫作二十九日），妇女们梳洗打扮，姑娘们还要精心化妆，排着队，唱着"迎巧歌"，由领头的端着"巧娘娘"像和麦芽（玉米芽），到村边或郊外的河边，朝西跪地，点蜡、上香、焚纸、放鞭炮，迎接"巧娘娘"下凡。迎回"巧娘娘"后要在院里载歌载舞，欢闹至夜深。

寻亲：从七月初一日到初七日的7天时间，都是"寻亲"时间，也是唱歌跳舞尽兴娱乐的时间。乞巧节因"寻亲"而扩大了活动范围，变得更加热闹喜庆。妇女、姑娘和女童们，不分年龄大小，均盛装打扮，端上麦芽和香、蜡、纸、炮，列队到邻村和周围村庄坐了"巧"的人家去"寻亲"，主家要放炮相迎。"寻亲"队伍先向"巧娘娘"行跪拜上香之礼，然后唱歌跳舞，要将准备的节目演完后才离去。"寻亲"是互相的，不能有来而无往，即使是同村，也不例外。这期间，寻亲队伍要到附近的寺庙去祭拜土地神，祈求平安和丰收。

一进农历七月，歌声、舞蹈和鲜花就占领了城乡每个角落。路上随处可见花枝招展的"寻亲"队伍，走进任何一个村子，都能看到载歌载舞的欢乐场面。气氛之热烈，赛过了春节。

乞巧：七月初七日进行乞巧活动，当地叫"照花瓣"，在"坐巧"之家进行，是整个乞巧活动最具特色、最有意义的内容。"照花瓣"之前先要"迎水"。初七日早晨，参加乞巧活动的女人们要早起，在天亮之前到村外的水泉里取回当天的第一罐水，准备"照花瓣"用，这叫"迎水"。迎水的去路上过河时，每个人要将头发剪几根丢入水中，以供喜鹊搭桥让织女和牛郎相会。到了晚上，女人们在碗中倒上泉水，唱着"乞巧歌"，掐一根麦芽（玉米芽）放进水中，在灯下观看碗底的影子，通过对所照影子的解读，预测未来、表达愿望，祈求巧娘娘赐予自己慧眼巧手或美满婚姻。

送巧：七月初七日晚上十一点至十二点进行"送巧"活动，是乞巧节的尾声，也是整个活动中最让人动情的场面。晚上十一点一过，已婚妇女还有小女孩们排着长长的队伍，手持蜡烛。走在最前面的人用盘子端着"巧娘娘"像和麦芽（玉米芽），一路唱着"送巧歌"，到村外河边曾经迎接"巧娘娘"的地方"送巧"。"送巧"时，众人心情沉重，恋恋不舍。到河边后，大家跪地，为

| 送巧

| 送巧

"巧娘娘"上香、焚纸、磕头，唱着"金香银香满路香，我送巧娘娘上天堂"。最后将"巧娘娘"纸偶焚化，将麦芽（玉米芽）扔进河中。此时大家的情绪达到高潮，有的人流下惜别的泪水。

乞巧活动中的"巧娘娘"是一具高一米上下的纸偶。她高挽发髻，身着彩衣彩裙，脚穿花鞋，右手执绳刷，左手持手帕或花篮，立于莲花座上，面容姣好，亭亭玉立，好似仙女下凡。除鞋是泥做的外，其他都是用纸做成。

乞巧活动中的歌曲按活动的程序主要有接巧歌、巧娘娘歌、迎水歌、乞巧歌（照花瓣）、送巧歌等。这些歌的内容主要反映各个正在进行仪式的程序，表达妇女们心底的美好愿望。如：

迎水歌
二月里，土消了，才把地埂背高了，
地埂背得实好看，点下的黄豆曳了蔓。
衣裳穿好快梳头，豆芽端上迎水走。
我给水神爷放炮哩，水神爷把我拨调哩，
我给水神爷插蜡哩，水神爷给我照花哩，
我给水神爷把香插，水神爷给我照莲花。
巧娘娘，七月七，天上牛郎配织女。

| 巧娘娘纸偶

乞巧歌（照花瓣）

巧娘娘，巧娘娘，快给我娣妹赐花瓣。

赐双巧手会绣花，花儿红来叶儿繁；

赐给我一副巧心眼，做的饭菜馋神仙；

赐个阿家懂瞎好，赐个女婿懂人言。

还有《黄河岸》《十根竹子》《早上香》《麻节节》《进状元》《拧草墩》《卖花线》《绣扇子》《铰样样》等。即使同一首歌，每个地方的唱词、唱法又有所不同，富于变化。

西河县的乞巧节前后历时 7 天，是民间节日中活动时间较长的节日之一。在活动过程中具有严格的时序性，坐巧、迎巧、乞巧、送巧环环相扣，有先有后，不能颠倒。"照花瓣"之前必先"迎水"，"巧娘娘"出门进门之前必先放炮。在活动中既有接送、供奉神灵的内容，又有跳舞唱歌、走亲访友的内容，既娱神、又娱人。它作为一个古老的汉民族文化习俗，反映了广大妇女追求美好生活的良好愿望。

西和乞巧风俗，是中华民族"七夕"文化的一个重要组成部分，是一种集崇拜信仰、诗歌、音乐歌舞、工艺美术为一体的综合性民俗活动，具有一定的文化艺术价值。发掘、抢救、保护西和乞巧民俗，对追寻、研究中华文明的起源、发展，探究西秦文化具有较高的

| 迎送巧娘娘

学术价值，对农耕文明时代的社会制度、生活方式、习俗、审美取向及其演变的研究提供重要的依据；乞巧民俗是农村女子娱乐、狂欢、精神解放的重要方式，是女子集中交流学习生活经验、提升自身素质、

| 送巧

追求心灵手巧的重要途径，挖掘、保护乞巧民俗，具有重要的实用价值，对丰富群众的精神文化生活，尤其是对提高女子综合素质，构建社会主义和谐社会，促进社会主义新农村文化建设，都会产生重要的作用和影响。

西河、礼县一带的乞巧节作为广大妇女的节日，本身就是体现女子心灵手巧的一个平台，同时又通过这个平台实现广大女同胞们热爱生活、追求幸福的美好心愿。通过广大农村女同胞们一代一代的传承延续，使得这一古老的汉民族风俗得以传承保留。目前，熟悉、热爱整个乞巧活动的人有雷希桂、董丽琴、张月兰等。雷希桂生于20世纪40年代，从小看着长辈组织、参与乞巧活动，长大后参与当地每次举办的活动，熟悉活动中仪式及歌、舞表演，不但是参与者，更是当地有名的组织者，还热心指导传承给年轻人。2008年，雷希桂、董丽琴、张月兰被甘肃省文化厅公布为省级非物质文化遗产项目西河乞巧节代表性传承人。

正月十九迎婆婆

正月十九迎婆婆（舟曲称圣母娘娘为婆婆）是舟曲县遗留下来的一种带有浓厚地方色彩的民俗活动，是整个春节活动的高潮，犹如舟曲县的狂欢节。活动已有五百年的历史，在其发展、演变的过程中吸收了藏传佛教、道教的精华，是老百姓祈福禳灾、迎生送子、求儿求女、祈求保佑一方平安的民俗活动。正月十九迎婆婆的民俗活动主要分布在甘南藏族自治州舟曲县县城、乡镇、村寨，其中县城的活动最为盛大。2008年，正月十九迎婆婆被甘肃省人民政府公布为省级非物质文化遗产名录项目。

《舟曲县志》记载，春秋战国时期，舟曲县为羌、氐族的住地。公元 756 年，吐蕃东征扩占唐陇，今舟曲城俱陷。宋王朝收复陇地时，部分原吐蕃军及其随军

| 舟曲"正月十九迎婆婆"活动

| "婆婆"人偶

家属与战争中被裹挟的羌奴在本县一些地区入乡随俗定居下来，在特定的地域形成了特有的方言、服饰和风俗习惯。

舟曲正月十九迎婆婆便起源于古羌族祈求平安、辟邪驱灾、迎生送子、求儿求女的风俗，人们在每年正月十九举行盛大庆典，把翠峰山"婆婆"从山上请到城中，举行迎婆婆活动，从此成为定俗，流传至今。它是古代遗留下来的一种带有浓厚地方色彩的民俗活动，是整个正月各种活动的高潮，犹如舟曲城的狂欢节。过了正月十九日，这里的春节方才落下帷幕。

正月十八日一早，城内外16位"婆婆"（16位"婆婆"以其寺址名号和固定的排列顺序列为：天寿寺、隆兴寺、太阳寺、净胜寺、驼铃山、龙山寺、清凉寺、西腾寺、洪福寺、楼台阁、宝峰阁、望江楼、百子楼）做好准备，十九日上午精心打扮。"婆婆"轿是按宫殿式样制作的工艺品，该轿全顶飞檐，四周高柱回廊，上有木刻孩童、龙凤、花鸟、禽兽等物，轿前刻有"大德当年化南国，深恩今日育西秦"的对子。打扮好的"婆婆"坐于轿中，容貌端正，仪态慈祥，头戴"银凤冠"，身着"蟒袍霞帔"，轿门左右两边各有一位身穿红裹肚的木雕童子，各打一个宫灯，上面写有圣母庙名称。

舟曲城内外16位"婆婆"于正月十九日晚9时必须齐集于城东驼铃山北端的东门上，依次进城。每位"婆婆"轿后一般跟随200人左右，进城后已有两三千人。城内各家门前设置香案，备有香蜡、黄表、鲜花、水果、糕点等供品以及鞭炮火花，城内观热闹者人山人海。

驼铃山高出城区近百米，16位圣母轿灯火明亮，遥望似明星闪烁，从天而降。此时鼓乐响彻全城，人们前呼后拥，缓缓迎来。每轿彩旗开路，锣鼓相随，以宫灯、牌灯前导，依次銮驾仪仗队，青少年打着金

｜圣母轿

| 抬轿者

瓜、钺斧、朝天镫、乾坤圈、芭蕉扇等各种执事及玻璃牌灯，其后是藏族喇嘛唢呐手，不间断地吹着唢呐，身着道装的道士在轿前边走边诵经，随有三四人敲打乐器。

抬轿者不断轮换，刚结完婚的新女婿都争相抬轿，意思是祈求圣母早赐贵子，新媳妇们也竞相摘取"婆婆"轿前悬挂的荷包，希望"婆婆"赐下娇儿。"婆婆"法座至每家门前停数分钟，接受叩拜，各家焚香化马、鸣炮、祭酒献茶。轿停之处，人们争先恐后钻轿子，弯腰从轿底穿过，也有人在两边将婴儿从轿底递接过去，意为消灾免难，让孩子健康成长。

从北街桥头起至下西街口，为16位圣母队伍最齐全的地段。之后西路4轿则出西门而归，余下沿街巡游，分别归庙。天将亮时（凌晨三时半），"婆婆"们便被抬到各自的庙观，重又盘坐莲花台上。正月十九迎婆婆仪式便告结束。

正月十九迎婆婆具有多元文化融合的特征。舟曲人又称"婆婆"为"太乙元君""碧霞元君""送子娘娘"，而这些称号是道家对仙人的独有尊称，从中可以看出"婆婆"与道家有极其深厚的渊源关

| 活动现场

| 制作精美的圣母轿

系。另外，由于世代庙官不断从藏传佛教的仪式中学习、借鉴，使得正月十九迎婆婆活动这一习俗的神职功能日益完善、不断膨胀，从单一的迎生送子扩展到今天的保佑平安、祈福禳灾等等，"婆婆"也成为无所不能、包容一切的大神。可见正月十九迎婆婆吸收了其他教派的很多精华，呈现出多元文化融合的特征。

正月十九迎婆婆民俗活动在舟曲县已有五百年的历史，每年由政府支持，各寺庙组织协调，整个过程从时间、程式都已成为一种定俗，一种自发活动。参与此民俗活动的均为各寺庙的主管和对此活动的渊源、程序深有研究的长者及周边的群众，属群体性民俗活动。

岁时节令·灯会

灯会作为伴随岁时节令特别是春节的民俗活动，在甘肃兰州、定西、甘南等地均有分布。尤其在河西地区，许多县区、乡镇都有相关的灯会活动。虽然这些不同地区的灯会活动各有不同的形式，伴随着不同的传说。但是，这些灯会活动大多依存于庙会活动，与民间社火、歌舞、戏剧相伴而生，相伴而存，承载着大量的民俗事项，是民间信仰活动的一部分。各地灯会活动多以游玩灯会的形式，表达广大人民群众祈福禳灾，祈求平安吉祥的心愿，宣扬善行福祉的思想，并建立一种自发的民间社会秩序。既是传统民间文化活动，也是一种趣味游艺，丰富了群众业余文化生活和节庆活动。

甘肃的灯会活动主要流传于汉族群众中。灯会活动是一种民俗活动，但同时灯会活动也与经济的发展密不可分。灯会的举办需要经济做基础，在永昌县、岷县的马坞、红古区的窑街、甘州区的碱滩镇，甚至是舟曲的东山这些地方，都是当年政治经济比较发达的地方。

永昌 "卍" 字灯会

　　永昌县位于河西走廊东部，北接金川区，东北接民勤县，东南邻武威，西邻山丹，南邻肃南。永昌县历来为丝绸之路和河西走廊的咽喉要冲，为中西经济文化交流的"陆桥"，西汉建县后，一直为丝绸之路重镇，总面积 7439.27 平方公里，人口 25.39 万。

　　永昌历史悠久，物产丰富，劳动人民有着淳朴的民风民俗，境内有许多独具特色的文化。永昌的元宵灯会由来已久。清末和民国时，每逢丰收季节，正月十三日，县城要举办元宵花灯会。各乡村也有各式灯会，其中以红山窑乡毛卜喇村的"卍"字灯会最有名。"卍"属梵文，含义为"吉祥之所集"。释迦牟尼胸部所示的"卍"字，是"瑞相"和"万德吉祥"的标志。唐代武则天时期将"卍"读为"万"。

| 夜晚的 "卍" 字灯会

| 白天已布置好的灯会

据说"卍"字灯会图谱是由毛卜喇村李发仁于明朝时从北京绘来。故又名北京"卍"字灯。

2006年，永昌"卍"字灯会被甘肃省人民政府公布为省级非物质文化遗产名录项目。2008年，永昌"卍"字灯会被国务院公布为国家级非物质文化遗产名录项目。

永昌"卍"字灯会定于每年正月十三日至正月十六日举行，闹灯时选一宽阔场地按灯谱横竖栽杆各19排，共361杆成方形，灯场中心竖一高七八米粗杆，挂大型花灯一盏，其余杆上共挂360盏小花灯，各杆之间按图谱用绳子联结，构成通路回转盘旋的迷宫。观灯者只能按规定路线行进，左旋右转，盘旋迷宫，趣味无穷。同时，各灯杆间用绳子联结，象征长命百岁，连年有余。在进、出口设有彩门，彩门口扎有一大门灯，正月十三日挂"上元一品"，象征赐富天官、紫微大帝；十四日为"中元二品"，象征赦罪地官、清虚大帝；十五日为"三元三品"，象

| 夜晚的花灯

征解厄水官、洞阴大帝；十六日为"天下太平"，象征百病不生。灯场对面设十二生肖灯，象征万德吉祥，生肖灯后设"鳌山"也叫"灯山"；按天逐次排成祝福吉祥的话语，彩门对面竖彩灯 6 盏为屏障，闹灯时秧歌队每人拿 1.5 米高杆花灯入场。具有永昌地方特色的"牛推车""旱船"等社火秧歌尽情表演，观灯群众和秧歌队一起顺道起舞，非常热闹。近年来，"卍"字灯会不仅在乡镇举办，还在城市的公园里举行。

灯会的组织者需懂得整个灯会的程序，熟知相关民俗事项。永昌"卍"字灯会最初由李姓人氏从北京传入图谱，然后由李姓家族世代传承，直至新中国成立后由李善阳传交给李吉海，70 年代中后期李吉海传给外姓陈永清。

　　陈永清生于 1958 年，永昌县红山窑乡毛卜喇村八社的农民。陈永清一开始是参与"卍"字灯会的具体布展工作，得到李吉海的亲自指导，并将灯会图谱传交给他。在具体布展工作中，陈永清勤学好问，研究领会一些灯会过程中的习俗与禁忌等（比如年将、日值、十二生肖、财神、喜神、三煞避之等），更重要的是学会了各类灯笼的制作，包括材料的剪裁、灯笼上的绘画等，并且要根据场地大小变化灯笼的大小。在 20 世纪 70 年代末 80 年代初他已经能够独自组织灯会布展。现如今，为了将此活动的规则、技艺、程序传承下去，陈永清也带徒弟，其徒弟陈兴涛在这方面也有些名气。2008 年，陈永清被甘肃省文化厅公布为省级非物质文化遗产代表性传承人。2012 年，陈永清被国务院公布为国家级非物质文化遗产项目代表传承人。

| 灯会深受人们喜爱

甘州黄河灯阵

　　甘州黄河灯阵是春节期间在张掖市甘州区碱滩镇古城村流行的一种由民间祭祀演变而来的民间文化娱乐活动，其历史悠久。2011年，甘州黄河灯阵被甘肃省人民政府公布为省级非物质文化遗产名录项目。

　　碱滩镇黄河灯阵主要分布在距镇政府5公里处的古城村，因其境内

| 甘州黄河灯阵

有一东古城而得名。据史志记载这一古城为汉乌兰古城，俗有"先有东古城，后有张掖城"之说，村内有较大规模的汉墓群，墓群北侧有一方形土墩，相传为汉代名将霍去病屯兵时所筑，俗称"霍墩子"。

相传宋末元初（具体年代不详），在碱滩镇古城村一带，瘟疫盛行，百姓生活苦不堪言，于是拜佛烧香，祈求神灵庇佑。后佛祖显灵，特降法旨，命三霄娘娘降临该地，传此黄河灯阵图，每年正月十三日至十六日，村民便挂灯布阵以祭神灵。至清代，随着当地经济和文化的发展，人们认识的不断提高，这一原始的祭祀活动渐渐演变成一种深受当地群众喜爱的春节期间的文化娱乐活动，并得到繁荣和发展。甘州黄河灯阵占地面积约 9 亩，由 367 棵松树和 367 盏灯笼组成。灯笼所代表的 367 个神灵，都是教人弃恶扬善、做人做事公道正派的正面人物。因此，这一活动有着较强的思想性。民国以前，布阵所需松树均由当地群众自发从祁连山北山深处采挖，每棵松树之间按照阵图，用彩绳连接。阵中设有 6 张香案，上面供奉三霄娘娘等神灵，主要用于祭奠。灯笼悬挂于松树下，每盏灯代表一个神灵，所有灯笼均由当地群众根据自己的需求按照一定的规格自发制作，彩绘之后交布阵人统一悬挂。该阵只设有一个进口和出口，整个灯阵的布局类似"迷宫"。每逢正月十三日至正月十六日，古城村及周边乡镇的村民纷纷前来游阵，并可根据自己所祈祷的愿望将松树上悬挂的相对应的神灵灯悄悄摘走，以此避邪、避难，所空之处的灯由布阵者填补悬挂。整个活动期间游阵人数达万人左右。

为保护生态，现在用碗口粗细的木杆上绑松枝代替了布阵所需的松树，灯笼用苇秆制作，布阵的主要依据是一张传承图，布局类似八卦，整个灯阵有着较强的艺术性。黄河灯阵是群众自发组织的一种规模庞大并伴随多种民俗活动的文化娱乐活动，比如布阵完成后要闹社火、在阵门前焚烧秦桧塑像后才能游阵。灯阵布局类似八卦深奥莫测，悬挂的

367 盏灯制作精细、人物造型多样、内容丰富。在 1991 年、1995 年、1997 年的灯阵活动中，甘州黄河灯阵参与的群众最多达 5 万人。近些年来，甘州黄河灯阵活动的举办渐渐稀少。

目前，熟练掌握黄河灯阵的民俗仪轨、懂得如何布阵、能够主持灯阵活动的是生于 20 世纪 60 年代中期的郭玉清。郭玉清师从甘州碱滩镇的焦寿星。据其师傅焦寿星讲，在新中国成立前，主要主持甘州灯阵活动的是王开元老人，王开元以耕种为生，自幼爱好道教，当地红白喜事大都由他主持操办，是名气很大的人。老人一生清贫，晚年才收得焦寿星为徒。焦寿星后来将这一技艺传给了郭玉清，在甘州 20 世纪 90 年代末举办的几届灯会活动都是郭玉清主要负责操持的。2011 年，郭玉清被甘肃省文化厅公布为省级非物质文化遗产项目代表性传承人。

高台黄河灯阵

高台黄河灯阵，是流传于高台县的灯阵，全称为"九宫八卦黄河阵"，又叫"九曲黄河阵"或"灯杆会"。2011 年，高台黄河灯阵被甘肃省人民政府公布为省级非物质文化遗产名录项目。

此灯阵相传源于明万历年间，原是专供皇帝在正月十五日闹花灯时游赏，后传入民间。灯阵是以《封神演义》中的三霄娘娘为替其兄赵公明报仇而设置的黄河阵为依据，"封神三霄，设其异阵，供三百六十正神，取九曲黄河之玄机，明见一阵，暗藏八阵，转者如破阵之将也，须以破阵之法，打其头而断其尾，自左至右攻其四角，从右至左破其四中，直逼祭台，

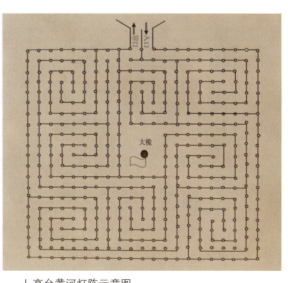

| 高台黄河灯阵示意图

杀其长蛇阵，众阵即破"。整个布局是按照"太极生两仪，两仪生四象，四象生八卦，八卦成九宫"设计的，东门入，西门出，一进一出，象征两仪，四边有四处呈正方形的方阵，象征四象，中间一宫供奉神位，阵排天地、势摆黄河、装进乾坤、环抱九州，九九曲中藏造化，三三湾内隐风雷，具有浓厚的神话色彩。此阵阵法极为奇妙，二龙入阵，首尾不能相顾，二龙如盘踞相对的两角，压住阵角，名曰"盘龙阵"；中阵如狮子进场，分卧祭台左右，名曰"卧虎阵"或"麒麟阵"；门内设"连环阵"，末尾一阵乃"一字长蛇阵"，合阵八小阵名曰"八阵图"。高跷入阵，高跷上的人物可扮演古戏《黄河阵》中的各员虎将，手持各自法宝在紧锣密鼓中快速入场，犹如大破此阵的架势。"马子"入场可伴以唢呐声，形成人欢马叫的热闹场面。游人转入灯场，如入仙宫，眼花缭乱，难辨西东，欲进有路，欲退无门，祭台正坐赵公明，背坐观世音，焚香者祈求菩萨保佑、四季平安，追逐玩耍，任随君便，灯灯见面，无一重复，其乐无穷。就此灯场，才有"正月十五天子与民同乐"之说。

| 舞龙队进入灯场

| 灯场

阵内共有 365 盏灯，代表 365 尊神位，也象征一年 365 天都有神灵为百姓降福增祥。进入灯阵内顺利走完此阵，表明你一年内将会一帆风顺、心想事成，有"抬头望明神，干啥啥都成"和"娘娘面前求盏灯，不愁子来不愁孙"的说法。

自明清以来，高台县较大的堡子都有黄河灯阵。每年正月十三日到正月十六日举办灯阵活动，主要是当地百姓求吉祥求平安，求子求孙，会友会亲，寄托美好祝愿。灯阵从正月十一日开始着手准备，并且在这一天就要在灯场中心立一根高 8 米的木柱，称之为"立大桅"，在"大桅"的顶端高挂"混元金斗"灯，再挂

| 盛世龙灯

| 春官老爷祈福

一块 6.4 米长的黄布，称"杏黄大旗"，在大桅下面设置中央祭台，摆
放赵公明（财神爷）画像或塑像，放置香炉香表之类，摆一功德箱，设
一中堂，有灯官坐堂，两班衙役(当地群众扮演) 跟随，善男信女在此
祈求生儿育女，一年四季无病无难，祈求升官发财，五谷丰登。在祈福
时，善男信女跪拜灯官老爷，灯官老爷点燃一张黄纸在跪拜者头顶回
绕，同时口念祝颂语，赐福于跪拜者，然后由两班衙役手持水火棍在跪
拜者身上轻轻击打，同龄熟人之间故意打得较重，以逗笑取乐，同时口
念"一打国泰民安，二打风调雨顺，三打长命百岁，四打大吉大利"等
祝福语。正月十三日晚上在大桅四周按 21 行、21 列呈正方形栽木杆，
行距、杆距视场地大小而定，并拔去中央 9 个，以留出中央祭台的位
置，共栽 432 根 1.2 米高的木杆，用绳子将木杆连接起来，绳上粘贴彩
纸小旗，形成一个迷宫般的灯阵。每个木杆顶端放一块 20 厘米见方的
小木板，小木板四周糊上 15 厘米宽的一圈彩纸，再贴上各种窗花图案，
叫作灯帽子；在灯帽子中心放一盏由面捏成的小油灯，添上清油，放上

捻子。一般灯杆、灯帽、面灯都是本村老百姓自发捐来的，面灯都是蒸熟的。关于点花灯，还有一些传统的讲究，那就是"正月十三是白灯，正月十四半场子灯，十五、十六是全灯。"具体做法是：正月十三日晚上，只点燃中间大桅上的主灯和四角木柱上的几盏灯；正月十四日晚上，点燃中央主灯和八个方位上的一部分灯；十五、十六日晚上点燃所有的灯。四角四灯柱高挂灯串，四周全用红灯围起，人们不得随意入内，每阵中央设置黄色灯笼提示游人慢行。

千百年来，当地一直流传着拔灯还愿的习俗。凡有结婚一两年未怀孕的育龄妇女，在正月十六日晚上拔一灯杆，在灯火不熄灭的情况下，带回家后将面灯加满清油，燃至天明，第二天把面灯吃了，以求香火旺盛，早生贵子。请一个灯杆，来年还两个；请两个灯杆，来年还四个。据说曾经有人同时拔了两个灯杆，竟然生的就是双胞胎。过去还有一个传统的讲究，谁家承办灯杆会，临近各村的龙灯都聚集在灯场上钻灯阵，钻的顺序由各村会首抓阄决定，本村的龙最后一个进去。

目前，高台黄河灯阵主要在该县黑泉乡镇江村沿袭传承。此外，

| 群众转灯

| 群众转灯

该县合黎乡五三村也有"卐"字灯阵，布阵方法有所不同，在四角及中央的木柱上分别书写"东方甲乙木星之神位，南方丙丁火星之神位，中央戊己土星之神位，西方庚辛金星之神位，北方壬癸水星之神位"。在该县黑泉乡定平村（原称大宁堡）堡内西北角原有一"灯架湾"，中立大桅常年不撤，因而得名。

高台黄河灯阵是高台历史上社会风俗、群众心理的积淀，它反映了高台民俗文化的丰富内涵，也在新时代丰富着人民的文化活动。高台县黑水乡的杨登贵、杨登年、严明长期从事和传承灯会的组织举办，掌握灯会中的传统习俗，同时又对传统的灯会从道具、布阵等方面有所创新。2011 年，杨登贵、杨登年、严明被甘肃省文化厅命名为省级非物质文化遗产项目代表性传承人。

武威凉州区金塔乡黄河灯会

　　流传于武威凉州区金塔乡的黄河灯会，一般在每年农历正月十五日举办。据传，凉州区黄河灯阵起源于商周时期，为姜子牙所创设。《封神演义》第五十回有"三姑摆布黄河阵"的内容，民间根据古人排兵布阵的方式创立灯阵用来"礼神"和"娱人"，后来演变成了民间祈福求财、祛邪去病的游乐灯阵，以顺利转出古阵就能"摆脱厄运保平安"来象征美好的愿望。随着时代的发展，凉州黄河灯阵成为一项群众文化活动。

| 灯场试灯

| 灯场

　　传说唐朝时候唐玄宗曾在元宵夜同道教大师叶法善乘风腾云，星夜从京都赶来凉州观灯，并赞叹凉州的灯市极盛，不亚于京城长安。临去，玄宗皇帝还把一个玉如意当作酒钱押在凉州的酒店里。这个神话故事中令玄宗皇帝赞叹不已的便是凉州黄河灯会。

　　凉州区金塔乡黄河灯会取九曲黄河十八弯之意，按九宫八卦阵法排列。黄河灯会里灯具的形象，多以神话传说中的情节、人物和富有一定寓意的动物形象为主。整个灯阵共有 360 盏灯。灯阵立有山门一座，山门上张灯结彩。灯阵中央竖立五丈高杆一根，上挂九莲宝灯、吊斗、旗幡，360 根灯杆挑起 360 盏各色花灯。

　　凉州区金塔乡黄河灯会阵势连环，环环相扣，有富贵不断头的意思。阵势按九宫八卦，分为九座城池，象征着中华九州，摆为九曲连环之阵。赏灯者必须按着一定的路线前进，"出入门户连环进退、井井有条"，才能领略到灯阵的妙处。黄河灯会辉煌绚丽，奇巧壮观，庄严神秘，情态万千，美不胜收。灯会中的灯具种类繁多，色彩鲜艳明丽，形象动人逼真，加之夜色衬托，显得神秘莫测。"燃爆竹，吹箫管，火树银花，与日月交辉；笙歌欢腾，彻夜不休"，场面隆重，热闹非凡。

九宫八卦灯会

甘肃岷县马坞乡九宫八卦灯会又称平安灯会，九宫八卦灯会是马坞乡古老的民间信仰的集中展示，也是三县六乡集民俗、商贸于一体的大型群众文化活动。2008 年，九宫八卦灯会被甘肃省人民政府公布为省级非物质文化遗产名录项目。

据马坞出土的《西秦会馆》碑文记载，早在明朝万历十三年（1585年），陕西药商会首陈良进等人"感于威灵显化、霞光披护"，在马坞药王洞前修建"西秦会馆"，组建药商同乡会，在马坞二霄娘娘庙前兴建九宫八卦灯会灯场，并引进中原民俗九曲黄河花灯会，于每年农历七月十二日至七月十四日，在灯场摆九宫八卦灯仪，祭祀神灵，祈求一年风调雨顺，五谷丰登，生意兴隆，万民平安。

从每年农历七月十二日开始，生活在岷县马坞及周边地区的村民，

| 灯会前要祭祀神灵

在夏收刚结束之时，都要聚集马坞，利用三天时间，举办一年一度的九宫八卦灯会。灯会主要有"湫池取雨""水神踩街""九宫转灯"等三部分组成。在灯会举行时，还会穿插有演戏娱神的活动。

湫池取雨：每年逢会提前一日（即农历七月十一日），由"水头"（"水神"的替身）带领取雨队伍，在距马坞灯场村约 2 公里的独岭子山下桦树林里"取雨"，独岭子山峰峦叠翠，林木茂密，珍禽成群，异兽出没，森林覆盖率高，山泉多从石缝中涌出，古人认为河源就是雨水之源，故有在水源"取雨"的习俗。"取雨"队伍将一瓷瓶倒悬在水池柳条之上，水头双手合十持燃香一炷，跪在池边，等待喜鹊或红嘴鸦飞过，当有啼叫之声，就认为是神灵告知雨水取上了，于是随行队伍立即敲锣打鼓，觋公手拿羊皮旋鼓边跳边舞，高唱"雨经"，叩头拜神，动身返回。动身前取水人员个个头缠黑巾，在黑巾上插小松枝两枝，一枝朝上，一枝朝下，意思是敬天拜地。取水队伍前有八名水童，年龄都是

| 湫池取雨队伍

| 二霄娘娘庙

15 至 18 岁的未婚童子，两名手持麻鞭在前开道，六名手持拜水板，遇河叩拜，见庙焚香，以表虔诚，取来的灵水被供奉在灯场村二霄娘娘的庙里，等会事过完后将灵水仍归还原处。

农历七月十二日，群众抬上大霄、二霄、三霄三位娘娘在距马坞不远的"四棵树"下等候，迎接"水神"，双方相遇，觋公手击旋鼓，跳神祭祀，群众烧香叩头，然后三位娘娘和"水神"队伍合二为一进行大巡游。前有銮驾，由人持刀、枪、剑、戟、金瓜、钥斧、朝天蹬、龙凤彩旗组成的仪仗队，中间是"水神"和取雨队伍，三

| 大巡游

| 转阵

位娘娘的八抬大轿紧随其后，唢呐吹奏，锣鼓喧天，上千人的队伍巡视踩街，踩街路线贯穿全镇的大街小巷。其时家家门前都要摆上供桌，上供香蜡、鲜花、食品。待踩街的队伍到门前时燃放鞭炮接神，并给踩街的队伍分送食品、挂红、给赏钱。游完全镇的大街小巷后，取雨队伍、三霄娘娘就进入九宫八卦灯阵，开始转阵。

灯场转灯：灯场设在二霄娘娘庙前，现在是马坞群众的活动中心，平时逢集日个体户在灯场摆摊设点。每到灯会期间，灯场用木料搭建松花彩门，用 361 根灯杆，上挂 361 盏花灯，然后按一定的行走路线摆成九宫八卦灯仪，布阵花灯共 19 行，每行 19 盏，总计 361 盏，象征一年360 天。行与行间距 6 尺，共 18 个行间，这样边长正好是 108 尺，象征着 36 位天罡星、72 位地煞星。包藏天地，包罗万象。九宫八卦的意思是，八卦为乾、坤、震、巽、坎、离、艮、兑，象征着天、地、雷、风、水、火、山、泽八种自然现象，是万事万物的最初根源，加上中央，合为九宫。转法是围绕着在灯杆上缠绕的绳索路线行进，不许越绳乱走，一直走才能转出古阵，谓之"富贵不断头"。从农历七月十二日到七月十四日，三天三夜连转六场古阵，同时伴随唱大戏。一到夜晚，点燃九宫八卦神灯，整个灯场花灯齐明，灯火辉煌，流光溢彩。在转灯时伴随悠扬的唢呐声、锣鼓声，整个灯场呈现出一派祥和喜庆的景象，忙碌了大半年的人们这时可以不管家事，完全沉浸在节日的狂欢中，把对美好生活的向往寄托在对神灵的无限崇敬中。

九宫八卦灯会是马坞及周边地区群众独有的娱人又娱神的狂欢节，集中展示了人们对水的崇拜，对神灵的崇拜，对平安的渴求，对美好生活的向往，而"取雨""踩街""转灯"等固定的形式和行程路线携带了许多农耕文明的信息。九宫八卦灯阵构思精妙，充分反映了古人高超的才能和寓天理于具体形式的完美体现，一个灯阵及其转法包含了天地万物许多深奥的道理。九宫八卦灯会独特的形式较为罕见，它为人们提供了一次难得的交流、狂欢、休闲的机会。

九宫八卦灯会自从陈良进引进岷县马坞后，灯会布阵一直由陈姓家族掌管，延续至今，陈顺、陈凤娃作为陈氏家族的后人，从祖辈那里承传了灯会的布阵及相关民俗仪式、禁忌等。2008年，陈顺、陈凤娃被甘肃省文化厅公布为省级非物质文化遗产名录项目代表性传承人。

| 九宫八卦灯阵

舟曲县东山转灯

东山转灯是舟曲县东山乡遗留下来的一种带有浓厚地方色彩的民俗活动，主要分布在舟曲境内的汉族村寨内，是当地民众整个正月活动的高潮，是舟曲县东山乡的狂欢节。其发展、演变的过程中吸收了宗教的精华，从单一的"转灯踩道""迎灯"扩展到今天人们祈祝一方平安、盼望来年福寿康宁、五谷丰登的大型民俗活动。2011年，东山转灯被甘肃省人民政府公布为省级非物质文化遗产名录项目。

东山转灯主要分布在舟曲东山乡、鲁家上湾、真节村一带，有"转灯踩道"和"迎灯"之说。从腊月起开始做灯，农民破竹扎灯，糊灯贴花，捆扎火把。正月初三后转灯，转灯只限于男子。灯具各异，有手提宫灯、八卦灯及象形的鸡、鸭、鱼灯等，还有身后背灯，长约2尺，上端口略小，可插纸花。夜幕降临

| 转灯人

| 转灯仪式

时，转灯的人集合整队排号。时至，鸣放三眼炮，烟花不熄，锣鼓唢呐喧天，数百转灯人背起灯笼，手持火把响器，入场踩道。引路者为"道头"，按提前定好的字形，谋划协调，迈步前进。转灯人前后相随，人们随锣鼓节奏，手舞足蹈，边唱边走。入村之后，火把熄灭，灯笼排成一字形穿村而过，家家焚香化马互敬酒致意。午夜入场踩道转灯，欢乐地舞蹈，通宵达旦，仪式方告结束。

东山转灯有别于其他民俗形式，是多元化、综合性的艺术再现体，集宗教文化、祈福、娱乐为一体，是各民族和睦相处的见证。随着社会的发展，这一习俗也在不断改变，已成为集经济、文化、娱乐为一体的节日，在舟曲人民生活中发挥着重要作用。

东山转灯民俗活动在舟曲县东山乡已有几百年的历史，现在为活跃群众文化生活，由政府支持，各村委会主任组织协调，整个活动过程从

| 敲锣打鼓庆灯会

时间、程式都已成为一种定俗，主要由各村委会主任和各村会东安排，周边群众一起参与。

但随着社会的发展，人们对传统习俗越来越淡漠，真正会表演的老一辈人年岁已高，传承式微。20 世纪 40 年代出生的房明轩和 50 年代出生的房显庆极其热爱转灯活动，多年组织当地民众举办转灯活动，并身体力行对转灯相关民俗搜集、研究。2011 年，房明轩、房显庆被甘肃省文化厅公布为省级非物质文化遗产项目代表性传承人。

红古"福"字灯会

　　红古窑街"福"字灯会是甘肃省兰州市红古区窑街玉贞观正月庙会中的一项重要活动。窑街"福"字灯会构思巧妙，承载了西北民俗的重要内容，参与群众广泛，包括了窑街街道、下窑街道、矿区街道、海石湾镇、红古乡及周边永登县河桥镇、连城镇、青海省海东市民和回族土族自治县川口镇享堂村等地的群众，是一种以民间信仰为主要内容的民间文化活动。2008 年，窑街"福"字灯会被甘肃省人民政府公布为省级非物质文化遗产名录项目。

　　窑街"福"字灯会独具特色，其灯会图案意喻"福"字，灯杆纵横各 19 行，与围棋盘交叉点相同，共有 361 个点，需挂 361 盏灯，象征道家有 361 个正神。其守门"神官"及守门者均有专人化装扮演。

　　"福"字灯会在一块空地上用 361 根松木杆栽成

| 灯会前的准备

｜灯具

方城形，每杆间隔2米，用细绳连接起来，分为四块；再相互连接，排成一座"福"字灯城。在灯城北面中间设有进出口，左入右出。"福"字灯城犹如福字，带有祈福吉祥之意，进入灯城犹如进入迷宫，能顺利走出灯城意喻来年吉祥如意，祈福如愿。若迷路走不出或横穿隔绳则会来年不顺，故进入灯城的人们谁都不愿迷路或违规。

"福"字灯会的灯笼用木条制成，框架为口大下小的四方形，高8寸，宽4寸，方木块为灯座，顶部木块中间留一手能伸入的洞，用白纸密封，放入小清油灯（现已改用蜡烛）。纸壁四面可贴手工剪纸花和装饰纸带，有时贴一定数量的灯谜。撑灯木杆要选用松木，上粗下细，便于栽埋。杆高不到2米，灯门中竖立一10米高杆，顶端要挂一旗幡和一只红灯笼。

窑街"福"字灯会会期是农历正月十四日至正月十六日，连续举办三年后，间歇一年，与社火同时举行，白天耍社火，晚上游灯会。灯会一般由玉贞观管理委员会负责组织，分工明确，各负其责，规范周全，祈福平安、吉祥如意是灯会的主旨。

灯会首先由玉贞观管理委员会确定是否举办，确定后由社火会集体负责组织实施，召集主管分配任务，各负其责。灯笼由社火会集体承做，其主管负责栽杆、绕绳、给由人扮演的守门"神官"化妆、实施开灯仪式等。

开灯仪式：酉时点灯，在戌时首先由庙会主持宣布开灯仪式开始，玉贞观道人诵"三官"经，而后由道人引路，领观灯人群进入灯城，灯会正式开始。守门"神官"和守门者均要站立于灯会门口搭建的约1米高的木架上。保佑人们来年吉祥，国泰民安。

十四日晚为"神灯"，守门"神官"张天师、王灵官，守门者哼哈二将，即邓伦、陈奇，灯会开始。正月十五日晚为"人灯"，也称"财神灯"，守门"神官"赵黑虎、马灵官，守门者和合二仙，即白义、夫奇；正月十六日晚为"鬼灯"，守门"神官"张黑虎、黄灵官，守门者为秦琼、敬德。灯门的守门"神官"的服饰、化妆由主管人负责，并按象征天、地、人"三界"（上界：神灯、中界：人灯、下界：鬼灯）顺序进行。

"神官"的服饰也很有特点。第一天的"神官"张天师穿八卦衣道袍，手持黑鞭，脚穿云靴。王灵官穿戏剧表演服黄莽铐，手持黄鞭。哼

| 神官

哈二将邓龙、陈奇身穿戏剧用红色和黑色软铐，头带尖盔，脚蹬软靴，手持单刀。第二天点的是"人灯"，也称"财神灯"，守门"神官"赵黑虎。第三天的守门"神官"张黑虎均穿莽铐，手持宝剑。和合二仙身穿道袍手持银色拂尘。守门"神官"秦琼、敬德身穿莽铐，分别手持金铜和雌雄金鞭。

窑街"福"字灯会是典型的民间信仰活动的一部分，既是传统民间文化活动，也是一种趣味游艺，丰富了群众业余文化生活和节庆活动。灯会是红古区及周边地区民间组织的文化活动空间，表达广大人民群众祈福禳灾、祈求平安吉祥的心愿，宣扬善行福祉的思想。群众以游玩灯会的形式，参与到民间社会活动中，建立了一种自发的民间社会秩序。

窑街"福"字灯会由社火会组织，社火会会长既是灯会的组织者和指挥者，也是主要传承者。灯会主要传承人现在是七十多岁的王宪物老人。他的爷爷王建帮是清末时期人，爷爷喜好社火、灯会、戏剧，经常参与组织灯会活动。父亲王德俊擅长打脸谱、表演戏剧及其他相关技艺。王宪物继承父辈技艺，他尤其擅长打脸谱、灯会栽秆、拉绳、门官化妆等，熟知"福"字灯会程序仪规。2008年，王宪物被甘肃省文化厅公布为省级非物质文化遗产项目代表性传承人。

甘肃民俗——民俗信仰

　　民俗信仰是民众在长期的历史发展过程中形成的一系列崇拜神灵的观念、行为习惯和相应的仪式及制度。在原始民众的观念里，对风雨雷电等自然现象以及人自身的生老病死都无法有一个科学的解释，他们感觉到有一种强大而无形的力量在控制着这一切，于是根据人的生理特征及思维方式，对应着各种变化着的事物想象出促使事物发生改变的原始力量——神灵。比如风的运行是由风伯推动的，雷电的产生是因为雷神的力量，家族的兴旺是由于祖先的保佑，个人的命运也是掌控于管理人间的神灵之下。

　　对神灵的崇拜可以让人对群体产生归属感，可以给人以安慰和强有力的安定感。民间信仰的媒介主要由巫觋、祭司、术士组成。他们主持各种祭祀活动和人生礼仪，可以预测人的命运好坏、驱除疫情、求取吉利，在社会生活中可以借神的名义处理人间纠纷，维持常规秩序。

民俗信仰的表现方式主要有：通过占卜或观看物象推测人物或事物将要发生的变化；有一系列程序并世代相传的祭祀活动；企图借助神秘力量对人或物施加影响的巫术活动；等等。

甘肃是华夏民族生息繁衍的重要地区之一，是中华民族灿烂文化的重要发祥地，有非常丰富的关于人类起源、发展的神话与传说，以及相应的对于创世神、始祖神及祖先的崇拜与祭祀活动。如流行于甘肃天水的女娲祭典和甘肃庆阳的周祖祭典活动，甘肃的民间剪纸中也包含着众多的人类始祖像。古代传说中的四千年前的炎帝、黄帝也起源于西北。

同时，甘肃也是多个少数民族的聚居地，各少数民族人民对大自然的原始认识、图腾崇拜、祖先崇拜活动也是甘肃省民间信仰的重要组成部分。如裕固族的祭鄂博仪式，是裕固先民原始宗教信仰——萨满教的一个重要仪式活动；甘南地区的插箭节是藏族民间流传下来的由宗教祭祀仪式衍化而成的节日。

甘肃省的民俗信仰也与其自身的自然环境有着密切的联系。甘肃地貌复杂多样，山地、沙漠、戈壁、高原、草原等，类型齐全，这也使得甘肃的民间信仰活动形式多样，各具特色。甘肃大部分处于黄土高原地区，年降水量少，很多地方极度干旱，于是形成了丰富多彩的祈雨仪式。如每年于榆中举行的七月官神传统庙会，岷县的青苗会、九官八卦灯会等等，祈求风调雨顺是它们的共同的重要内容。同时这些山区的"神灵守雨"仪式也与其高寒阴湿的气候特征有着紧密的关系。

另外，流行于甘肃各地的社火、庙会活动，也成了展现甘肃民俗信仰的集中地，形成了传统信仰与现代观念统一的各类文化空间。流传于甘肃民间的与生活融为一体的神灵信仰与禁忌活动也几乎存在于人们生活的各个角落。在甘肃民间的各种祭祀活动中仍能看到原始崇拜的遗留。

更值得一提的是，伴随着信仰活动的发展，各种与之相关的音乐与器乐、舞蹈及服饰、建筑及装饰都形成了各具风格的特点，它们在满足着人们心灵深处信仰的同时，也在滋养着人们的审美需求，并成为联结历史与现在、融合个人与集体的纽带。

由于相对封闭的自然环境和缓慢的经济发展步伐，甘肃省内很多民俗信仰活动受现代文明冲击的力度相对较弱，各种民间信仰观念、仪式、活动保留得相对完整。这就为我们了解甘肃先民的生存状态打开了一扇窗口，为我们走入甘肃人民的内心世界铺上了一条道路。在这片辽阔而又神秘、沧桑而又深沉的大地之上，种种民俗信仰活动为贫瘠的土地增添了一份灵性，为单调的生活涂抹了色彩，为脆弱的生命添加心理上的安慰。

太昊伏羲祭典

史书记载，作为"三皇之首"的伏羲，出生于渭水流域的成纪（今甘肃秦安县一带），是中华民族心智的先启者，是中华文明的开创者。因为人们称赞他的功德像日月那样光明，所以又称其为太昊伏羲。人们为了纪念他的功德，修建了专门的祭祀场所纪念他，每年都会举行庄严而隆重的祭祀活动。重修于明朝的天水伏羲庙是迄今全国规模最大、保存最为完好的伏羲祭祀场所。在伏羲庙，每年都会举办伏羲祭祀活动。

1988 年天水市政府举行伏羲公祭大典，2005 年开始，伏羲祭典成为甘肃省人民政府的公祭活动。2006 年，太昊伏羲祭典被甘肃省人民政府公布为省级非物质文化遗产名录项目，同年，太昊伏羲祭典被国务院公布为国家级非物质文化遗产名录项目。

| 伏羲像

│ 伏羲庙

传说伏羲生于春，故于秋，因而每年有春秋两次祭祀，也形成了官祭和民祭两种形式。历史上的公祭，在京师设有以伏羲为首的历代帝王祠庙，由皇帝亲自致祭。到了明代，朝廷则到各州、郡、县包括台湾，设庙祭祀，同时颁有乐章和《太昊伏羲祭文》，并用于全国其他地方的伏羲祭祀中。

到了嘉靖年间，伏羲庙祭祀活动，州伏羲庙祭祀、制礼作乐日臻完备。伏羲庙继承祖制，在祭献三牲（牛、羊、猪）、果酒菜肴、乐舞鸣炮、承文主祭上各有规定。"近神曲"在"太昊庙乐章"中，"迎神、初献、亚献、终献、彻馔、送神"均有章程。民国末年庙会祭祀转由民间士绅为首组成的"上元会"按其祖传规定办理，"上元会"可在陇南地区 14 个县内征化布施，各处乡民可在此参与各种活动，会长由董事会中之各城董事轮流主持，定期换届。随着民国政局变迁，政界放弃官祭，但民祭活动一直在民间流传。祭典从每年正月十四日开始，成了城乡居民前来进香、看戏逛庙会的日子，十五日出榜文，昭示伏羲对中华民族的伟大功德和贡献，十六日黎明鸣炮九响，诏告祭典活动的正式开始。正祭开始，请地方长官或著名士绅主祭，宣读祭文，这时鼓乐齐奏、鞭炮齐鸣，上香供点，同时在大殿前演"群仙拜寿"的神戏三折，以志庆贺。庙会期间，还专门请西南乡民乐队全日演奏民乐，更增庙会节日气氛，庙会期间还要在临街戏楼上演三天三夜戏，旧日天水民间庙会有"早本戏、午戏连带晚三折，夜戏唱到鸡叫才回来"的风俗，通宵达旦，连演大戏，热闹非常。这里通常是演西秦腔，清末至民国以当地"鸿盛班"的为主，有时也有"天水小曲（即地摊秧歌、"喊背弓"和眉户剧等）之类。抗战以来，中、西路秦腔荟萃，京、豫、吕剧也参与其中，除此而外，伏羲庙东关特有的三家夹板舞队，要专程来庙里表演，在庙前、院内放铁炮三声以助其威，并伴之以悠扬入耳的民间音乐曲牌，深入庙堂，传入巷里。附近城乡的舞狮子、旱船、秧歌、高跷、道情和小曲也都要专程来庙会表演，以示对伏羲的敬意，其间各种民间歌、舞、戏等争奇斗艳，形成一种自发的、传统的社火大聚会和大比赛。清道光年间，伏羲庙会又增加了灯谜晚会活动。任士言、苏统武和刘永亨等当时的社会名流都亲自参加这些活动，以致伏羲庙会活动声名远扬。乡民们除逛庙会外，正月十六日还要去庙内贴纸人去邪，保佑一年平安。民间老百姓通过这一系列活动表达对先祖伏羲的敬仰。

1988年，天水市政府首次恢复伏羲公祭大典。伏羲是以龙为图腾的部落联盟崇拜的创世英雄和氏族领袖，也是中华龙之魂的首席代表和绵延千年长盛不衰的龙的传人的"龙祖"。1988年开始，每年以农历五月十三日龙的生日开展伏羲祭典活动。2005年开始，伏羲祭典开始由甘肃省人民政府主办，并与中国天水伏羲文化旅游节相结合，使这一特殊节会吸引了众多的海内外华人来天水朝觐祖先伏羲，天水成为中华儿女寻根祭祖的胜地。至2013年，公祭中华人文始祖伏羲大典已经举办了22届（其中2009年因地震灾后重建而停办1年）。

| 祭祀的人潮

| 敲钟仪式

　　现伏羲公祭大典的基本程序是：先击鼓 34 下，象征着全国 31 个省、自治区和香港、澳门特别行政区及台湾地区共祭中华人文始祖；鸣钟 9 响，代表中华民族最高传统礼仪。接下来由政府行政长官宣读祭文。第二项是乐舞告祭。第三项是敬献花篮、鲜花，瞻仰圣象，行鞠躬礼。整个活动过程庄严、肃穆，表达了海内外华夏儿女感怀伏羲共祭，传承中华文明，对共同先祖——伏羲的虔诚和敬仰。

公祭中华人文始祖太昊伏羲祭文

　　惟公元二〇一三年六月二十二日，中华儿女，汇聚天水，谨以鲜果、酒馔、雅乐之仪，虔敬之心，致祭于中华民族人文始祖太昊伏羲。曰：

　　陇山苍苍，渭水泱泱；太昊伏羲，成纪发祥。

三皇之首，肇启炎黄；为民立极，道传百王。

大哉始祖，圣迹昭彰；一画开天，文明之光。

仰观俯察，辨析阴阳；首演八卦，奥理蕴藏。

开物成理，瞻民制器；初作网罟，渔猎有倚。

驯养家畜，庖厨充济；地穴建屋，寒暑以避。

制陶施彩，日新技艺；广被教化，刻划书契。

推定历度，建分节气；以龙纪官，分部治理。

始制嫁娶，俪皮为礼；造瑟作曲，乐民庆喜。

伏羲文化，经天纬地；日月同辉，世代传袭。

华夏文明，龙脉永昌；羲皇苗裔，开来继往。

中国之梦，励我兴邦；改革开放，民富国强。

九州和谐，血浓情长；科学发展，创新腾翔。

保护生态，盛世赞勤；以人为本，共建小康。

民族复兴，福祉无疆；巍巍中华，屹立东方。

吾祖伏羲，德泽流芳；崇功报德，俎豆馨香。

今日公祭，告慰羲皇；果馔敬陈，来格来尝。

伏惟！尚飨！

伏羲文化是中华民族源远流长的文化长河的本源文化，它所体现的科学和创造精神，以及兼容并蓄的人文情怀，对于今天我们提高民族自信心，增强世界华人的凝聚力和文化亲和力，促进祖国的和平统一，扩大对外文化交流，有着不可替代的作用。

除了政府的公祭外，民间祭祀从未间断过。尤其是从民国末年开始有的"上元会"承担了民间祭祀的组织工作。"上元会"的成员各有分工，有分管祭祀器具的，有分管祭品的采集的，有熟悉祭祀礼仪

| 夜间祭祀

和规程的。这些人对天水伏羲民间祭祀的传承起着重要作用。民间祭祀作为老百姓民间信仰的一种，作为老百姓祈福求安的方式，伴随形式多样的歌舞弹唱，对于丰富和活跃群众精神生活也起到了一定作用。

生于 20 世纪 30 年代末的李松山、杨祥顺担任上元会的会长等职，他们深谙民间祭祀仪礼，擅长组织祭祀活动，掌握许多口传的伏羲文化，热心为群众服务，能引导群众正确认识信仰，祭祀先祖。2008 年，李松山、杨祥顺被甘肃省文化厅公布为省级非物质文化遗产项目代表性传承人。

| 公祭典礼

天水秦安女娲祭祀仪式

秦安女娲祭祀仪式是素有"羲里娲乡"之称的秦安县人民为纪念人类始祖女娲而举行的祭典活动。女娲作为始祖母神，历来受人民祭祀供奉，《春秋繁露》中即记载"雨不霁，祭女娲"。我国自商周以来就形成了祭祀女娲伏羲的人祖庙会，后由统治阶级提倡，人祖庙会规模日渐宏大，集祭祀、歌舞、娱乐、贸易为一体。这种活动世代延传，在"文化大革命"时中断过一段时间。自2006年恢复公祭以来，祭祀规模日益盛大。2008年，秦安女娲祭祀仪式被甘肃省人民政府公布为省级非物质文化遗产名录项目。2011年，秦安女娲祭典被国务院公布

| 仪式上表演的舞蹈

| 供奉

为国家级非物质文化遗产名录项目。

秦安位于甘肃省东南部、天水市之北的葫芦河畔上，是中华民族的发祥地之一，这里素有"羲里娲乡"之称。女娲号称娲皇，也叫女希氏，是一位充满传奇神秘色彩的始母形象。女娲氏族发源地，虽不见文献记载，但有文献记载伏羲生于古成纪，根据伏羲与女娲的关系推断，女娲故里也应该在古成纪范围内。郦道元《水经注》中在关于渭河支流葫芦河的内容中特别提到该地古老的女娲祠在葫芦河畔，距离大地湾不远的陇城镇即在葫芦河流域，境内有女娲洞，又有女娲庙，女娲庙距著名的大地湾遗址仅5公里，传说伏羲和女娲就出生在这里。陇城镇现在仍然保留着与女娲传说有关的风沟、风台、风茔的地名，传说中"女娲生于风沟，长于风台，葬于风茔"，风沟中的女娲洞是传说中女娲居住过的地方。

有关女娲的记载，早见于战国时的《山海经·大荒西经》《楚辞·天问》《世本八种》。女娲是华夏古代人类和古代文明的伟大缔造者，是广大民众崇拜的古代女神。史书中记载的女娲事迹主要包括补天立柱、抟土造人、化生人类、孕育人类、制笙簧、制婚姻等。

《春秋繁露》中记载"雨不霁，祭女娲"。女娲作为始祖母神、高媒之神历来都享受着国家和民间的供奉。仲春男女之会祭祀女娲的目的在于祈求生育繁衍。仲春之月相当于现在的太昊陵设会的日期，后来才逐渐固定于农历的二月二日到三月三日举行。

自商周以来，开始有祭祀女娲伏羲的人祖庙会后，人祖庙会成为集祭祀、歌舞、娱乐、贸易、旅游为一体的盛大文化活动。西汉以后，五次重修女娲祠。改革开放后，当地信徒们集资在陇城镇原女娲庙遗址重新修建了一座规模较大的女娲庙，并邀请甘肃雕塑专家何鄂在庙内恢复女娲塑像，为秦安的女娲祭祀仪式赋予了新的内容，让这一民俗的祭祀仪式重放异彩，使这种传统的民俗祭祀仪式得到了与时俱进的发展。每年的三月十五日，在陇城举办盛大的民间女娲祭祀活动。

女娲祭祀仪式分有民间祭祀和公祭两种：

民间祭祀从农历三月十一日设坛祭拜开始，三月十二日在龙泉取水洒坛祈福，以保民安；三月十三日风沟迎鸾驾；三月十四日风台迎馔；

| 典礼

三月十五日上午九时五十分正坛祭祀。首先由民间祭礼队伍列队入场，抬祭祀的三牲队伍面朝女娲祠正门在万民伞"祭"字大旗下肃立，祭师、乐手、香老在祭祀区内按规定进行祭祀活动，进入女娲祠院内，主持人宣布祭祀大典开始。

公祭仪程如下：第一项，请参加公祭活动的最高首长宣布公祭人文始祖女娲大典开始。第二项，全体肃立，奏乐（1分钟，播宫廷音乐）。第三项，击鼓鸣钟（2分钟），先击鼓34下，代表全国各个省、自治区共祭女娲，后鸣钟9响，代表中华民族最高传统礼仪。第四项，鸣放礼炮（1分钟，鸣9响）。第五项，恭读祭文（2分钟）。第六项，取龙泉圣水向万民祈福（1分钟），由两名礼仪人员手捧仿大地湾鱼腹盆，另两名礼仪手提装有龙泉圣水的尖底瓶走到贵宾区前正中位置，向盆内倒水后，行政领导上前用柳枝向四周洒水，以示祈福。第七项，乐舞告祭（15分钟）。第八项，向娲皇圣像行三鞠躬礼。第九项，敬献花篮，瞻仰娲皇圣容。

秦安县历史悠久，孕育了举世瞩目的大地湾文化、三国文化，是中华民族远古文明的发祥地之一，文化积淀十分丰厚且特色鲜明，秦安女娲祭祀仪式正是在这一深厚积淀的黄土地上，在各民族文化交融、渗透

| 敬献花篮

| 祈福大鼎

的环境中产生、流传和发展的，经久不衰，至今已有数百年的历史。作为群众喜闻乐见的民俗祭祀活动，秦安女娲祭祀仪式在清水河流域流传甚广，有着广泛的群众基础，成为群众祈求人寿年丰、喜庆平安等的宗教精神寄托，展示当地人民勤劳勇敢、自强不息精神，有着浓郁的乡土气息，抒发着当地人民建设美好家园的豪情壮志。

秦安县陇城镇王店村人王世贵、王满柜，年少时跟随父辈们参与女娲祭祀活动，现已熟练掌握女娲民间祭祀仪式的过程，并积极参与和组织当地的民间祭祀。

周祖祭典

　　周祖祭典是甘肃省庆阳市庆城县人民对周祖不窋修治法典、创建城邑、务耕课桑、教民稼穑的丰功伟绩的祭典活动。远古时代庆城已有人类活动，新石器时代遗址和遗物遍布全县，这里是中国农耕文化的发祥地和中华民族最早的繁衍栖息地之一，古为禹贡雍州之域。夏太康政

| 周祖祭典仪式

衰，周祖不窋迁此，他率众徙居庆城县，死后葬于庆城县庆城东山。为缅怀其丰功伟绩，后人常行祭祖之典，历代亦多有大型祭祀活动。庆城北有祭祖的"周祠行宫"，经历代维修。20世纪末庆城县人民

| 典礼开始

为表示对庆阳农耕文化做出重大贡献的周先祖的崇敬之情，将周祖陵进行了全面整修，恢复和增建了不少新建筑，重塑了周祖的40个先王塑像。2002年开始举行有国内外众多政要、学者、专家参加的大型周祖祭祀活动。2006年，周祖祭典被甘肃省人民政府公布为省级非物质文化遗产名录项目。

相传周王朝的13代祖先曾定居于庆城县，他们在这里教民稼穑，从事农桑，并从这里入中原、定天下，铸就灿烂辉煌的华夏文明。周祖陵位于庆城县县城帽盒山之巅，"明朝前七子"之一李梦阳有一句诗："庆阳亦是先王地，城对东山不窋坟。"诗中所说的"不窋"即指葬于庆城东山帽盒山的周代先祖不窋。陵园山门为一座三间四柱牌坊式建筑，上刻"肇周圣祖"四个字，左右坊柱嵌对联两幅，第一幅为：绝顶始知世外境，凭栏一望古今天。第二幅为：望天门三皇五帝周祖名峰群仙聚会，思庆州岐傅李米人杰地灵万众来朝。周祖陵以周先祖创业的辉煌历史，几千年深厚的文化底蕴，独特的地理位置，优美的建筑风格，迎接华夏儿女寻根问祖，祭扫拜谒。

周祖祭典历史悠久，它起源于古代劳动人民的祭祀活动，分民祭、

| 献礼

| 献牲

公祭两种。民祭一般是在清明前后和重阳节期间举行，无固定时间和仪式，往往根据祭典者的意愿及习俗自己确定，是民间正常的家祭活动，陈设供品、祭乐仪式都很简单，突出了民间民俗性。周代时将神农、后稷并而祭之，一直延续到清末，从1994年开始，庆城县人民政府先后投入资金4600多万元修建了周祖陵，2002年公祭活动恢复，现已连续举办5届，典仪非常隆重。

周祖祭典公祭活动有明确的记载，而且从重修周祖陵时就地出土的文物也得到充分证实。如这里出土的新石器时代的陶罐、陶甑、陶鬲，周代的陶钵、陶釜、陶罐、陶盆、陶碗，汉代的陶罐、陶盆等等盛放祭品的祭器，唐代的琉璃脊兽、灰陶瓦等豪华建筑遗物，五代、宋代、元代生活遗物、建筑遗物和石碑残块，明、清时的碗、罐和残碑等等。还有明世宗嘉靖年间御史周南、庆阳知府何岩所立的"周祖不窋氏陵"碑，毁坏的一方残碑右下角尚有四行断续碑文，约20字："不窋生鞠，鞠生公刘，俱在……公承公先祖……不窋承……乾成"，清道光二十九年（1849年）庆阳知府步际桐、庆阳营参将察隆阿所立的"周祖不窋之墓"碑等等，说明周王室在这里祭祀不绝，而且之后历代亦曾多有大型祭祀活动。

周祖祭典民祭活动具有一定的随意性，而公祭活动在官方的组织下，具有了一整套比较规范和严格的程序。

公祭活动仪程主要由司仪和主祭共同承担。

祭祀仪式正式开始时司仪宣布"鸣炮奏乐"之后鸣礼炮13响，祭祀从不窋到季历为止的13代先祖；击鼓13响，寓意全国13亿人民；撞钟8响，寓意周王朝800年社稷；敲磬6响，寓意六合同庆、天地同春；法号6匝，寓意日、月、星、水、火、风；大乐3奏，颂扬周祖重农耕、兴蚕桑、广畜牧三业；细乐3奏，颂扬周祖敬祖、尊贤、爱民三风；鸣锣3发，祈

| 祭品

求政通人和、风调雨顺、五谷丰登。在之后鼓乐齐鸣，奏《周祖遗韵》曲。

奏曲之后，司仪宣布"献祭开始！"乐队又奏《祭品敬献曲》。在庄严肃穆的乐曲声中，先敬献三牲，再敬献三供、三饼、三酒、大香、大烛、黄表、金锭、十二生肖面塑、绣龙、绣凤、绣鹤、绣麒麟、绣球等。献祭活动结束后，上香、敬献花篮、主祭人宣读祭文等。

| 祭品

| 祭品

之后，在《周祖遗韵》乐曲中，主祭人、司仪和参祭人员绕周祖大殿右方的陵墓一周，谒陵祭拜，以示崇敬。

礼毕之后进行乐舞表演。依次表演《拓土开疆》《德睦四邻》《牧牛稼穑》《丰收欢

| 烧纸祭祀

歌》《社日祀神》《羽衣霓裳》《扇鼓动天》《盛世锣鼓》等舞蹈，演示周祖不窋率族到庆城的一些活动，再现其后代周穆王率领王公贵族在此祭奠先祖的宏大场面。

周祖祭祀活动融合在民间民俗生活中，传承不息，承载和体现着当地民间社会、精神、民俗、风土人情，具有人类学、民族学、民俗学的研究价值。通过周祖的祭祀活动，人们表达对周先祖修治典法、创建城邑、务耕课桑、教民稼穑的崇仰之情。周祖祭祀活动融合在民间民俗生活中，生生不息，承载和体现着当地的社会、精神、民俗、风土人情。

庆阳是中华农耕文化的发祥地之一。也是古老的农耕文化和多民族文化相互碰撞融合之地，特殊的地理环境形成了特殊的文化环境。

| 叩拜

| 祭品

以农耕为生的人们始终把心与黄土山川和神灵连在一起，并由此产生对大自然的崇拜和对先祖的怀念，使得周祖祭典仪式较完整地保留下来。

庆城人左思科受其爷爷左树林的影响，深谙周祖祭典的仪轨。他的爷爷左树林是一个风水先生，熟知庆城人文历史，更熟悉周祖祭祀的仪程仪轨。左思科通过爷爷口传心授掌握周祖祭祀的相关知识，还收集研究庆城当地文化。2008 年，左思科被甘肃省文化厅公布为省级非物质文化遗产项目代表性传承人。

公刘祭典

　　素称"陇东粮仓"和"天下黄河第一塬"的董志塬是中国农耕文化的发源地。夏太康年间，在朝作农官的后稷之子不窋因失官而投奔戎狄，率族来到现在的庆城县，削阜为城，从事着半农半牧的生产，历史上称北豳。不窋孙公刘，率族南迁上董志塬，创立了农耕文化体系。《诗经·公刘》中对公刘的功绩做了详细叙述，《史记·周本纪》也有"鞠卒、子公刘立。公刘虽在戎狄之间，复修后稷之业，务耕种，行地宜，自漆，沮度渭，取材用，行者有资，居者有蓄积，民懒其庆，多徒而保归焉。周道之兴自此始，故诗人歌乐思其德"的记载。经过先周十四代人的努力，周人最后迁于陕西岐山，成就了周王朝的八百年基业。周族后人为祭祀先祖，在董志塬修庙朝拜，久而久之成为一种祭祀习俗，一直延续至今。《括地志》《元和志》《一统志》《庆阳府志》均印证了这一史实，如《庆阳县志》载"公刘庙，俗称老公殿，在县城（现改为西峰区）南80里高家坳，清乾隆年间重修"。"老公"是周人对祖先的尊称，源自《诗经·豳风·七月》"献豕从老公"。公刘庙就位于董志塬上，东、西、北面临沟壑，南向平塬。2003年，中国民俗学会命名老公殿为"华夏公刘第一庙"。以公刘庙为祭祀场所的公刘祭典

| 公刘祭典仪式

活动在庆阳县（现庆阳市西峰区）从未间断过。2006年，公刘祭典被甘肃省人民政府公布为省级非物质文化遗产名录项目。

公刘祭典的时间在农历三月十八日，民间传说这一天为公刘诞辰。整个活动明显地保留着先周时代的十二蜡祭内容，即赛社、赛神、禋祀、燔柴等古老遗风。

敬蜡：《诗经·生民》有"诞我祀如何……取萧祭脂，载燔载烈，以兴嗣岁"。公刘祭典至今保留将油脂烧灌铸成巨型蜡烛，用纸扎花簇拥，敬献公刘的习俗。尤

| 庙宇敬献

| 庙中的神像

其是陕西关中群众有三年一大蜡，一年一小蜡，跋山涉水送往庆阳公刘庙的习俗，明显地保留着周代十二蜡祭中的燔柴仪式。

供馔赛社：《诗经·载芟》有"为酒为醴，烝畀祖妣，以洽百礼，有飶其香……匪今斯今，振古如兹"。每逢公刘祭典日，四乡八社的群众用面食做成各种各样的贡品，排队送往庙堂，敬奉公刘。明显地保留着周代农事完毕陈酒食祭祀神祇的赛社遗俗。

禋祀：《诗经·生民》有"厥初生民，时维姜嫄。生民如何？克禋克祀，以弗无子"。多年来，公刘庙会这天，没儿女的人来到老公殿内，在俗称娘娘的姜嫄神像前，焚香讨一个银质或布制娃娃，拿回家中待生子后奉还。这是传说中的姜嫄踩巨人足迹生周始祖后稷的故事，所衍生的文化在历史上称为禋祀的遗传。反映了人们企望繁衍的心态。

娱神：《诗经·清庙》有"济济多士，秉文之德。对越在天，骏奔走在庙，不显不承，无射于人斯"。庙会这天，周边各庙伴随着仪仗、鼓乐，抬"神楼子"出庙，周游村舍、接送供品，这属于古代祭祀各路神祇的赛神遗俗。

公刘祭典除以上古老仪式外，还有更热闹的庙会活动，其间有各种戏曲表演、唢呐演奏、托媒相

| 仪式

亲、杂耍，还包含农贸摊贩、饮食小吃等内容。

公刘祭典活动是周人从图腾崇拜转型为人本崇拜的典型，是氏族制与奴隶制交替时期的社会文化现象，它传承至今的遗风具有活的地上文物价值，也是非物质文化遗产活态传承的明显例证。它遗留了原始农业朝着农耕文化体系转型的明显轨迹，是中国农耕文化的活化石。公刘对

| 仪式中的活动

| 人们踊跃参加活动

中国农耕文化的贡献，以及后人为祭奠他的功绩而世代流传的祭典仪式及活动对促成中国传统文化的传承、民俗礼仪的形成在历史上产生过深远影响。

参与公刘庙会除了庆阳各县的群众外，还有周边的平凉、宁夏等地的群众，尤其是陕西关中的群众世代按照古老的遗风三年一大蜡、一年一小蜡，不顾路途遥远，虔诚到庆阳祭拜先祖。每逢周祖祭典日，参与群众达近 10 万人次，这种群体性的活动数千年绵延不绝，古老的习俗渗透在现代人群中的价值观念中，历史的文化基因生生不息。

公刘祭奠活动作为以公刘庙为祭祀场所的民间祭拜活动，其组织主要由公刘庙的主持人来完成。在 20 世纪二三十年代，庆阳县（现庆阳市西峰区）温泉村的高俊堂是公刘庙的主持，也是公刘祭祀活动的重要组织者和负责人，因其较丰富的学识和主持祭典的经验，加之热心为群众服务的精神，在当地及陇东、陕西的信俗群众中享有较高的威望。其子高步祥及子侄辈高步银受高俊堂影响，耳濡目染，熟悉庙会及祭典仪式，熟悉当地传统文化，是目前公刘祭典的主要主持者。他们为祭祀活动和庙宇建设四处奔波募集资金，为公刘祭祀活动的传承做出了重要贡献。2008 年，高步银、高步祥被甘肃省文化厅公布为省级非物质文化遗产项目代表性传承人。

泾川西王母信俗

平凉市泾川县西王母信俗是当地人民群众在漫长的农耕生活及其习俗中形成世代相承的以酬神娱人为主，以西王母文化为载体，含有历史、宗教、民俗、礼仪、节庆、工艺、技能、商贸等诸多文化内容，极具鲜明地方特色的民俗文化活动。2006 年西王母祭典被甘肃省人民政

| 祭拜西王母

府公布为省级非物质文化遗产名录项目；2008 年西王母信俗被国务院公布为国家级非物质文化遗产名录项目。

泾川西王母信俗，自宋开宝元年（968 年）农历三月二十日在回山西王母祖庙举行第一届起，至今已传承了 1046 届。宋代翰林大学士陶谷奉宋太祖之命，所撰的《重修王母宫颂》碑，俗称"陶谷碑"，详尽记载了西王母古部族历史及其盛大的信俗活动。这种逾越千年的民间信俗活动，深深根植于广大民众心中，十年"文革"期间，虽然大规模信俗活动中断，但仍有不少信众将密藏于家中的西王母牌位悬于密室之中，虔诚祭拜、祈祷。

西王母信俗是以民间信仰为主要内容的群众性活动，其活动内容和仪程蕴含着众多民俗文化的内涵。祭典活动由精通道务活动和民俗信仰的"会头"操持。

农历三月二十日是西王母祭典之日，每值此日，上午 8 时整，在那口高悬于回山之巅的金大安铁钟苍劲、浑厚、悠远的钟声中，西王母祭典拉开帷幕。祭典按道场、朝觐、祭坛、采圣水 4 个固定程序进行。道场外布满了数百面黄、蓝、紫色的旌旗和幡条，在成千上万个信众围观及锣鼓喧天、鞭炮齐鸣声中，来自陕西、河南、宁夏等省（区），咸阳、庆阳、宝鸡等市县的近百位法师、道士，身着法衣、道袍，头戴五僧冠、道巾，敲击着鼓、锣、钹、铃子、木鱼等法器，吹奏着唢呐、竹笛、土笛等相关乐器，在西王母大殿前布设道场。众法师、

| 祭典仪式

| 西王母像

道士按照规定的仪程，在西王母祖庙四周左右各转三圈之后，便伏地长拜。他们或击鼓鸣锣，或摇铃诵经，唢呐、竹笛、土笛声响成一片，规模宏大壮观，即庄严又十分热闹。

上午10时整，为朝觐时辰。众法师、道士依次向西王母塑像朝觐之后，成百上千的西王母信众蜂拥而上，争先恐后地把自己携带来的时鲜果品或寿桃献在供桌上，接着伏地而拜、焚香化表、双目微闭、双手贴胸、默默祈祷。他们或求子嗣、祛病痛，或求吉祥、保平安。近20年来，每届祭典都有来自海内外侨胞以及马来西亚、新加坡等国的西王母信众组成声势浩大的西王母朝圣团前来朝觐。特别是台湾地区和马来西亚的朝圣团，从回山脚下到西王母祖庙近1公里的路上，就开始行三拜九叩之大礼，其虔诚之心，使观者无不动容。祭坛设在西王母祖庙之后的望乡台上，来自西安、河南等地的大法师，身着法衣、携带法器登赴祭坛，宣读祭文，众道士高唱道号、诵读经文，祈祷风调雨顺、国运

| 祭典仪式

昌盛、国泰民安、团圆和谐。

采圣水是祭典的最后一个程序，采水队伍前面有数盏红灯和数十杆
旌旗幡条引路，锣鼓唢呐开道，众道士诵经相随，竹笛、土笛伴奏，其
后便是成百上千个西王母信众列成的两路纵队，浩浩荡荡向瑶池走去。
瑶池月夜亭是泾川八景之一，月夜亭下有一股清泉从石龙口中流出，这
就是传说中"瑶池圣水"。传说此水有百病不生、延年益寿、长生不老
之功效，故凡上山朝拜者，无不在这里争饮圣水。

祭典活动完毕之后，正是晚餐时分，法师、道士和远道而来的信众
便在祖庙后殿院内共进晚餐，院内搭满了帐篷，内设近百张桌凳，上面
摆满免费供应的颇具泾川风味的素餐。祭典活动场外还有秦腔戏、皮影
戏、放河灯、耍社火、耍巫术、占卜预兆等民俗活动。

泾川西王母祭典传承久远，深深植根于当地人民生活之中，成为当

地群众精神生活的一部分。千百年来，泾川回山成为西王母信众朝觐的圣地，回山下遗存的虎齿豹尾、半人半兽的摩崖浮雕，作为西王母的图腾成为人们顶礼膜拜的偶像。西王母祭典不仅在广大人民群众中传承，而且在中国文化史上产生了深远的影响，古代有许多封建帝王都朝拜过西王母。李商隐、刘禹锡等文人也赋诗赞颂西王母。凡此种种在西王母民俗文化中占有十分重要的地位，具有极高的文化、历史价值。泾川是西王母的发祥圣地，西王母是中华民族古老的祖先之一，与伏羲、女娲、黄帝、炎帝等居于同等重要的地位。

泾川县梁河乡的张学俊，其父张广元曾任西王母庙的住持，操持西王母祭祀活动。张学俊受父亲影响，熟悉西王母祭典活动，对祭祀中"朝觐""甩鞭""踩圣水"等道事活动程序的操作十分娴熟，对西王母民俗活动有一定的研究，并撰写过相关论文，曾得到中国民俗学会的表彰。2008 年，张学俊被甘肃省文化厅公布为省级非物质文化遗产项目代表性传承人。

| 外国访问团

| 海峡两岸西王母交流活动

裕固族祭鄂博

　　鄂博，又称"敖包"，蒙古语音译，意为"堆子"，为祭神之所。裕固族牧民企盼风调雨顺、人畜兴旺，通过祭鄂博这种仪式来祈求天地之神的保佑。祭鄂博的日子，也是裕固族人民集体狂欢的节日，摔跤、赛马、赛跑等传统体育活动融入其中。2008年，裕固族祭鄂博被甘肃省人民政府公布为省级非物质文化遗产名录项目。

　　裕固古语说："斯格才熬老熬老，百楞才熬来熬来。"意即"家家门上有亲，每个山垭腰上有鄂博"，祭鄂博其实是祭祀山神、财神。裕固族先民信仰萨满教，祭鄂博仪式是裕固族先民宗教信仰的一个古老仪式。裕固族后来信仰藏传佛教后，祭鄂博仪式也成为两种宗教的有机结合。因此，祭鄂博

| 祭鄂博的人

| 自制的乐器

仪式是裕固族现实生活中呈现的多样宗教交错相织的最直接的反映，既反映了裕固先民对日、月、雷、电和天的原始崇拜思想，也反映了民族由信仰萨满教向信仰藏传佛教的演变痕迹。

祭鄂博每年进行一次，由喇嘛选定时间，大致在农历六月份举办，也有在农历二月初二日或四月二十一日举办的。

在举行祭鄂博活动前，要做一些准备工作，先在鄂博四周扎起白帐篷，请来喇嘛念经祈求平安，并事先准备好聚宝瓶，瓶即大肚小坛子，内装能出苗的五谷杂粮、金银财宝、珍珠玛瑙、绫罗绸缎、扣线棉衣、长年不竭的清泉水，瓶口用红布包住，用五色线扎紧。要准备好6个聚宝瓶，还要在一块长方形的平木板上铺一块新白布，用清泉水和好青稞炒面捏塑一个长方形的城墙在白布上，城墙的正上方塑一个三层城楼，城楼左右侧放用布缝制的裕固族一男一女两个人

| 念经

| 祭拜

偶，城门前放 9 个炒面捏成的佛灯，灯里添上酥油，用木板削成刀、枪、剑、弓箭。

祭鄂博一般选高山顶上或两山连接的山垭腰，地形要好。然后用石块堆砌成长方形的石堆，上挂玛尼旗。有的用草皮块堆砌，用白刺绳带捆围住沙丘，上插玛尼旗，中间插上 5 至 6 米长的松木杆子，杆头削尖染红后，栓上各色羊毛绳、布条、哈达等，周围也拉上羊毛绳，把印有经文的哈达、布条拴在上面。有的地方在鄂博旁边砌起煨桑的香炉，有的在平地堆一高台煨桑。鄂博有部落公祭的，也有户族祭的，还有个人祭的。新中国成立前，仅亚拉格家部落就有几十个鄂博。

祭鄂博当天清晨，部落的男女老少都穿新衣、戴新帽，骑马者要给马备上新鞍，背上煨桑用的柏树枝（柏香），用一尺新白布包上青稞、曲拉、茶叶、酥油，带上牛奶和酒，每家每户都要准备尖端缠有羊毛或用

| 献哈达

| 人们围着鄂博转圈

红绿油漆画上木纹的尖头木杆，意为箭。祭鄂博插箭，意为给山神送去战斗武器，让山神保佑人畜平安，其实人们是用这种方法祈求幸福、平安、祥和。

　　将箭插在鄂博上后，人们或徒步或骑马围绕鄂博转圈，并向它洒上奶酪、酒等物，再在四周点火、烧香，请喇嘛念经。上年纪的老人把揣在怀里的布条、白羊毛、马尾、牛毛，一撮一撮拴到从鄂博拉过的绳子上。人们拿起白色石块堆在鄂博根底，人们围着鄂博转圈，把拿来的粮食倒入煨桑台，把柏香点燃，顿时鄂博周围香烟缭绕。有人围鄂博煨桑台转圈磕头，有人在牛奶中掺一点水，用柏树枝蘸上边走边洒向天空，有人端着熬好的奶茶边走边洒向天空，骑马者骑在马上边围着鄂博转圈边高喊"拉衣尔加老""拉衣尔加老"，洒茶和奶茶者也喊"超噢""超噢"，意为让神喝茶。然后，将一只专门喂养、从小从未剪过羊毛的"神羊"牵出，在"神羊"右肩上拴上红绿布条，头上抹些酥油，再朝它头、背处浇水，当它全身颤抖时宰杀祭献鄂博，祈求它消灾免难，保佑家家平安。

祭祀完毕后，人们将羊背肉割下酬谢喇嘛。众人坐在毡包内喝酥油奶茶，吃手抓羊肉，牧人们互相敬酒，根据酒量，尽兴而止。裕固族整个祭鄂博活动要持续三天，除了祭祀外，年轻人相约赛马、摔跤、赛跑，意为迎接喜神，所以它也是裕固族人民集体娱乐狂欢的节日。

裕固族祭鄂博具有悠久的历史，又融合了萨满教、苯教、藏传佛教的特征，对研究裕固族形成发展历史，研究西部民族文化交流，尤其是宗教文化的交流融合具有重要史学价值。

更为有意义的是，在祭祀活动中，德高望重的长者还会对人们提出一些要求，比如保护森林及野生动物，加强草原管理、勤劳放牧、文明礼貌等等。这些对建设生态文明、促进和谐社会都能起到重要的作用。

目前，肃南县只有皇城、康乐、大河、祁丰等乡镇的极少部分村落还保留祭鄂博习俗，而且越来越简便化，传承人也呈现老龄化，保护和传承裕固族这些古老文化显得尤为迫切。

七月官神

　　七月官神民俗活动是兰州市榆中县苑川河流域的金崖、来紫堡、夏官营等 7 个乡镇 36 个村社每年农历七月初十日至八月初十日举办的大型民俗活动。七月官神民俗活动是以民间信仰为依托的民间文化活动，这一活动过程中的各种表演仪式体现了藏族文化、蒙古族文化和汉族文化的深度融合，且活动仪式完整，在保留传统的基础上融入当代文明，在活跃群众文化、促进社会和谐方面发挥了重要作用，在兰州地区具有广泛影响。2008 年，七月官神被甘肃省人民政府公布为省级非物质文化遗产名录项目。

　　关于七月官神传统民俗活动的来源，民间传说中的叙事文本说它源于明初"靖难之变"后。明朝建文、永宣时期，明肃王朱楧为防备明成祖朱棣削弱自己的权力，在民间组织练兵

| 七月官神仪队

演习活动。为了不引起朝廷的注意，朱楔将操练兵戈之实战演习改头换面，让操练的兵将化装成农民模样，还招纳了一批农民参与其中，并在兰州附近的永登、永靖、景泰等地，招来一些跳神的"师公"，由官方设计导演出一出抬着泥塑的"白马爷""八蜡爷""九龙爷""金龙爷""清水龙王爷""洪水龙王爷"等八尊神像的祭拜活动，以榆中买子堡（后改为来紫堡）为中界，上至过店子（苑川河北岸）、齐家坪（苑川河南岸）；下至火家店（苑川河北岸）等村庄，分为上、下两个"神社"，一天经过一个村庄，依次进行"跳神"活动（这种活动实则为练兵演习）。后来逐渐演变为榆中地区的群众为求得风调雨顺、国泰民安而对地方保护神"白马天子"和"八蜡田祖"进行祭祀的"秋报神会"传统庙会活动。

　　"白马天子""八蜡田祖"本是民间俗神，后来演变为官神。在兰州地区也有一个传说，相传在民国初期，兰州久旱不雨，于是心焦如焚

│ 拜神

的苑川八大社农民在斋
戒沐浴之后，手持香烛，
抬着两顶神轿，一路敲
锣打鼓，顶着烈日行走
六十里上兰州向玉皇大
帝求雨。求雨队伍惊动
了当时的甘肃督军张广
建，张广建看到轿子里

| 敲鼓队

一个红脸一个绿脸的雕像非常生气，指着两个塑像说："你若真有灵，
限在三日内降下神雨，否则我要将塑像和轿子化为灰烬。"到了第三天
正午，果然电闪雷鸣、大雨倾盆，下了三天三夜。张广建见了，甚是惊
奇，遂赠给两位大神两座银顶大轿，并将原来四人抬的轿子改为八抬大
轿。原本在民间进行的祭祀活动得到了官方的认可，恰逢活动在农历七
月举行，"七月官神"的称谓便由此产生。

七月官神传统庙会期间，八抬大轿抬着"白马爷""八蜡爷"，由
"师公子"穿百家衣、执扇鼓和钺斧在"神庙"间来往表演，跳神念经，
夜间则向神像跪拜，神像有曳神、鞑靼神等多种。其间，有兰州鼓子、
榆中小曲子、杂耍"流星水锤""小洪拳"及皮影戏等各种民间文化活
动表演，娱神也娱人。到了现代，则改为秧歌、秦腔、彩旗队、仪仗队
表演，其仪式规模盛大，是榆中地区参与群众最多、涉及地域最广的一
项民间活动。活动范围包括苑川河两岸的夏官营镇、金崖镇、来紫堡
镇、清水乡以及苑川河南岸的连搭乡、定远镇、城关镇7乡镇的36个
村社。

七月官神庙会活动以村为单位，因建庙、修庙、祭祀备办牲礼或演
戏都需要经费，所以参与者凑份子出钱。整个活动过程设一个班子组

| 请神

织，并参与表演。一般设总管家爷4名，神头4名，账房5名，扎水5名，扎营10名，侍从25名，旗童15名，师公子9名，祭头3名。

整个活动过程严格按照规定程序进行。首先是传牌，传牌也叫"下神牌"，是七月官神活动首先要进行的仪式，在每年农历七月初一日开始举行。牌上写着拜神的具体时间，决定的时间不能再更改。

接下来是曳神，即"请神"。包括"起神"、沿途的表演、将"神爷"迎至庙殿等所有活动。请神队伍由彩旗队、羊皮鼓队、香火队、秧歌队组成。一边行进，一边表演，俗称"扯趟子"。根据路程的远近有"三请三曳"之说，即将相关的程序重复三次。

将神抬至"歇马殿"前，便进行"抢庙"仪式。此时，师公用雄浑的声音高喊："乡老，你们某某村的众信弟子，头顶香盘，接到龙天，龙天下凡，降吉降祥，查看人口，查看田苗，大的无灾，小的无难，田苗生长，五谷丰登。乡老，龙天踩路，讨个太平！"站在师公两旁的神头于是齐声附

| 神庙

和："众弟子接您老人家哩!"霎时间，庙前紧锣密鼓，鞭炮齐鸣。师公子率众神头往返三次，一在大门以外，二在大门之前，三次方至院内。鼓也三起三落，其节奏为"紧三点鼓"：鼓一声，环两响，反复循环。

| 拜神

"抢庙"之后，师公子和众人将两位尊神迎进殿内，鼓、钹于殿外敲打。神头随师公子先跪于门槛外，师公子便唱道："进去神门一盏灯，一位和尚

| 上香

两位僧。罗汉不是真罗汉，剃发尽净交愿心。"之后进得庙内，焚香化表，躬身唱诵，众神头等随即匍然跪地叩头，焚香化表。

秉烛是在"安神"仪式结束后，在神像前进行表演的一种民间说唱形式。唱的内容句式为四六句形式，以手中的羊皮鼓轻敲伴奏，唱段、道白相间进行。高潮处，便行"叩长头"大礼——双掌合十，接着双臂前伸，全身匍匐在地，体现的是典型的藏式礼仪。

"带签"是师公子露着膀子，站于桌上，将竹签从臂上或额头"穿"过，转四角给众人观看的仪式，以示"取血敬神"的虔诚之意。

献牲仪式从早上5点开始到9点结束。师公子先为"官神"作法事，村里负责庙会的当祭人将村里敬献官神的"牲"——鸡和羊献上。

| 祭祀仪式

　　鞑鞴神在民间称"跳大神"，其动作带有明显的蒙古族舞蹈和摔跤的影子，传说与当年这里曾经是成吉思汗西征时驻扎的营地有关。师公子通过一种神圣的祭神专用的舞蹈来愉悦神灵，向神灵传达某种来自人间的信号，完成人与神的心灵上的沟通。

　　"破羊盘"是师公子到"歇马殿"后，由领头的师公子象征性地削下几片羊肉、鸡肉抛向火盆，然后把献的"牲"分成几大块，师公子和当祭人有权分到羊腿或鸡腿等，剩下的再分成大致相等的份子，交给各家各户。

　　最后的仪式是"伙神"。参加人员按地域分为东西两拨。东拨由威风凛凛、乘八抬大轿的"白马爷""八蜡爷"和"洪水龙王"诸神组成；西拨是"九龙爷""金龙爷""清水龙王"及"黑池龙君"一行。

两路人马齐聚总庙。总庙原设在来紫堡，后迁至来紫堡乡郭家庄村。各社的神会合在一起，进行一次总的敬神仪式，然后有骁勇者，头裹红旗，腰缠红带，手捧旗杆或棍棒，聚集在苑川河下游的河滩里，举行一次较大规模的武功表演或较量，以决定胜负，胜者先进庙，败者后进庙，最后焚香祭酒，鸣炮开锣，各将神像抬回原庙，安神歇驾。通过上述约十项仪式，完成整个官神祭祀活动。

| 抬轿

| 抬轿

从官神祭祀的活动过程不难看出，这一民俗活动是藏、蒙、汉等民族文化的融合，如秉烛时的藏式叩头、跳大神的鞑靼舞蹈和汉族民俗曳神抢庙等仪式，这些仪式高度融合形成一个完整的民俗仪式。在由仪式紧密联系在一起的祭祀过程中，完成了乡民社会的传统构建，体现了社会和文化秩序属性。这一民俗活动发展到今天，农民们在构建新的文化模式的时候，将那些曾经被取缔的庙会庆典信仰重新予以新的解读，并不断调整使其在适应现代社会的情况下实现了对传统的再造，如政府"和谐社会"的构建、发展旅游业等，给这些传统的民间文化信仰提供了空间。另外，当地人们在迎神的仪式中加入有很多妇女组织的"秧歌队""竹板舞""红歌演唱会"等，活跃了当地的群众文化，体现出农民在营造和构建利于自身健康生存发展的文化空间过程中的聪明才智。

由于七月官神民俗活动参与人数多，涉及范围广，因此在以前的传统中每个村社都有活动的"社头"，又叫"会长"，"会长"既是活动的组织者，又是传承者。"社头"一般从旗童的角色开始，经过侍从、扎水、账房、神头、管家等，逐级担当完成仪式中的所有角色后，才能出师，升为"祭（音 zhai）头"，其中各种规矩、礼仪、技艺均为师徒相传。师傅给徒弟穿了"百家衣"，即意味着正式收徒，表示该村的"社头"有了继承者。目前调查到的在世的最老的"社头"是榆中县金崖镇的金福祺老人，他已年逾九十。生于 20 世纪 40 年代末的王希光老先生，是金崖镇文化站站长，熟悉和热爱当地文化，了解七月官神民俗活动规矩、程序。常走村串户联系苑川河流域的会长、副会长举办活动，还组织成立了"榆中七月神会研究会"，科学引导人们在继承传统的基础上摒弃愚昧的内容，结合时代发展创编新的文艺节目，将七月官神传统庙会活动赋予新的内容。2008 年，王希光被甘肃省文化厅公布为省级非物质文化遗产名录项目代表性传承人。

首阳山伯夷叔齐祭祀

首阳山伯夷叔齐祭祀是甘肃省定西市渭源县、陇西县、漳县、岷县、临洮县、安定区及渭河下游城市宝鸡市、天水市等地慕名而来的文人学者与群众，在每年农历四月初七日至初九日云集渭源县首阳山，祭祀伯夷叔齐、拜

| 伯夷叔齐像

谒先贤的民俗活动。此项民俗活动以祭祀、歌舞为载体，含有历史、宗教、民俗、艺术、商贸等诸多文化内容。2011 年，首阳山伯夷叔齐祭祀被甘肃省人民政府公布为省级非物质文化遗产名录项目。

渭源县最早称首阳县，因当地名山首阳山而得名。《史记·伯夷列传》记载，商末周初，地处今河北庐龙县一带的孤竹国虽远离商朝京都朝歌，但经常受商纣王的战争骚扰，孤竹国之君墨胎初难以应对这动荡

的局面，驾崩前下诏传位于三子叔齐。叔齐认为，伯兄为先，自己不能为君，而长子伯夷认为，父命难违，应立叔齐为君，就这样二人各不就位，于是二人各自逃离孤竹，向西而行，途经千里到达西岐。这时周文王已病逝，他的儿子武王姬发用木头雕成文王之像载于车上，东行伐纣。二人见此情景拦住武王进谏："父死不葬，爰及干戈，可谓孝乎？以臣弑君，可谓仁乎？"武王听后大怒，想杀两人，被姜子牙劝阻。伯夷、叔齐为劝武王差点送命，感叹："今天下暗，周德衰，其并乎周以涂吾身也，不若避之，以洁吾行。"于是离开周地，沿渭河西上，来到当时未入周朝版图的戎羌之地——渭源首阳山，隐居起来。几年后，周武王灭掉殷商王朝，建立周朝，渭源一带自然成为周朝统治之地。于是二人连周朝土地上长出的粮食也不吃了，只采食蕨菜，直至饿死。

伯夷、叔齐死后，被当地人埋葬在首阳山。伯夷、叔齐"义不食周粟"，"采薇而食之，饥饿而死"的事迹，深深打动了不少古今贤达志士，孔子、孟子尊称他们为圣贤。从此，历朝历代对伯夷叔齐尊崇之至，首阳山因此也名声远扬。秦汉时期，当地百姓就在首阳山修建庙宇，凿洞塑像，举行祭祀活动。首阳山一块碑文记载，首阳山享堂沟清圣祠始建于唐贞观年间，"清圣"是对二位圣贤的美称。据《甘肃新通志》记载，元朝巩昌（陇西）陇右王汪世显曾在首阳山大兴寺庙建筑，道士、僧侣达数百人，祭祀香火旺盛。明清以来，首阳山清圣

| 祭拜

祠屡遭兵灾，但民间祭祀活动未断，有时由县官主祭，有时由乡间贤人主持，延续下来，并且伴随人们祭祀伯夷叔齐、拜谒先贤的习俗，首阳山山会也历久不衰。每到清明节来临，当地百姓便自发祭典，凭吊圣贤魂灵。

每年农历四月初七日至初九日，生活在首阳山周围数十公里的群众以及不少渭河下游的文人雅士，或乘车，或步行，自带干

| 主持人宣布仪式开始

粮，晓行露宿来到首阳山，住在石窟庙宇或自搭帐篷中，等待四月初八日祭祀活动的到来。全县范围内德高望重的文化名人、社会贤达自发联合起来，组成祭祀领导小组，分工负责。歉收年份派出人员向四乡八村募捐钱粮，近年来则有社会各界商人政要捐资。附近村社自发组织歌舞队，届时会赴首阳山清圣祠前进行歌舞表演，娱神娱人。

主要祭祀人员在四月初七日之前便着手准备，四月初七日抵达首阳山，此时四邻八乡群众已先期到达首阳山，在山下搭建帐篷，作为临时商铺，花儿歌手也先后到来。四月初八日上午 10 时许，祭祀仪式在清圣祠前双冢之后的平台开始，旗手东西肃立，主持人（一般由当地文化名人担任）宣布仪式开始，同时宣读祭祀的意义，追缅二位圣贤的高风亮节。随后，鞭炮齐鸣，仪仗队奏乐，礼宾依次登上台阶至清圣祠前，庙

｜祭品

前祭祀开始。礼生唱"内外肃静、执事者各执其事"，然后依次升炮、击鼓、鸣金、奏乐，主祭官就位、陪祭官就位、躬拜、盥洗、参神、复位。

首先行初献礼，仪式有：献花篮、迎帛迎爵、献帛献爵、躬拜。其次行亚献礼，仪式有：迎牲、献三牲、迎茗爵食、献茗爵食、躬拜。

最后是行终献礼，仪式有：迎馔、献馔、呈箸、献羹汤、躬拜、读祝文、俯首、乐止、读毕、复乐、躬拜、焚祝、焚帛、礼成、祭官退位、升炮、乐止、礼生告退。

｜采薇歌

庙祭结束后，民众开始自由祭祀。礼生祭官赴首阳双冢前行墓祭礼，仪式依次是：升炮、各祭官就位、参谒、培土、献茗爵、献时食供品、躬拜、恭读祭文、侑食、奠爵、奠茗、焚祭文、礼毕、各祭官退位、升炮、礼生告退。

最后在清圣祠前举行娱神娱人的献艺活动，演出的节目一般有根据伯夷、叔齐故事改编的《采薇歌》和各村社的传统秧歌戏，以及原生态的师公歌舞。

在伯夷叔齐祭祀结束后，群众登山观景，

| 传统秧歌

部分文人雅士单独祭拜。山上山下，游人如织，有卖小吃的，玩杂耍的，饮酒取乐的，漫花儿对歌的，也有在山林间采摘蕨菜的。大家纵情山水，放松心情，进香还愿，各得其所。

古往今来，在首阳山祭祀活动中，众多名人名士曾游览名胜，瞻拜先贤，胡瓒宗、朱燮元、杨恩、王予望、左宗棠、张澍、何嘉瑶、成大猷、吴镇、牛树梅等留下了大量优美的诗文，为首阳山伯夷叔齐祭祀增添了丰富的文化内涵。明朝人胡瓒宗有《首阳吟》："青青首阳草，白白首阳心。岂不恶浊流，至洁亦可侵。伐纣纵有祠，辗转自不禁。长揖谢尚父，洗耳商山阴。周粟亦可食，商祀嗟谁歆？是以竟饿死，清风流古今。"

从伯夷、叔齐到首阳山隐居至今已有两千多年漫长的历史，伯夷、叔齐舍生取义已成为一种民族精神的象征，后人对他们的崇拜敬仰深刻反映出中华民族的人生价值取向，这种价值取向尤受历代文人推崇。首阳山也因伯夷、叔齐二人的名气成为有名的名胜景点。生长在首阳山上的白薇，即蕨菜，也演绎成一种人文道德的象征。

伯夷叔齐祭祀是渭河源头人民独有的娱神娱人、寄托信仰的活动，集中展示了渭河流域传统的祭祀形式，夹杂民间歌舞、小曲、秧歌、八面鼓舞等。伯夷叔齐祭祀也是文人墨客寄托情思、作辞填赋的平台，活动带动了首阳山山会的繁荣，促进了商贸发展，也带动了当地旅游业的发展。

伯夷、叔齐所代表的民族精神和文人情怀，具有深刻的文化内涵，其祭祀仪式的主持主要由当地德高望重的名人贤士担任。新中国成立前，首阳山祭祀由县令任主祭官，20 世纪 50 年代，渭源县连峰乡文化名人陆聚贤担任主祭官，乡长为主持人。近年来，一般由文化系统的负责人担任祭祀的祭官和主持人。长期从事文艺、文化工作的李德清，精通伯夷叔齐祭祀中的生泡、击鼓、鸣金、奏乐、就位、躬拜、盥洗、参神、复位以及献初礼、亚献礼、终献礼、冢前祭祀、献艺的所有程序和内容。李德清还根据伯夷、叔齐的诗歌《采薇阁》创编了《采薇歌》《采薇舞》等。2011 年，李德清被甘肃省文化厅公布为省级非物质文化遗产名录项目代表性传承人。

十八位湫神祭祀

　　十八位湫神祭祀活动主要分布在岷县的岷阳镇、寺沟乡、秦许乡、十里镇、清水乡、西寨镇、梅川镇及宕昌县的哈达铺镇（原属岷县）、阿坞乡（原属岷县）的部分村社。岷县民间的"祭湫神"活动与"岷州花儿"的起源与发展密切联系在一起，具有鲜明的地方特色，是民俗、伦理、歌谣、艺术、祭祀礼仪等多元性文化的复合体。2006 年，十八位湫神祭典被甘肃省人民政府公布为省级非物质文化遗产名录项目。

　　"祭湫神"活动虽然最早沿袭于古羌族与藏族的祭山会，但随着历史的推移，古羌族的南迁，藏、汉民族的融合，在宋代以后又衍化为以汉族为中心的祭祀活动。《岷州志》载："北宋神宗熙宁九年（1076 年），宋将种谔、马云在城南山上修二郎神祠，水旱冰灾，有祷

| 人们纷纷赶来祭湫神

│ 湫神之一

辄应。"祭祀活动的对象也发生了重大变化，由神到人，再进一步将汉族历史上的忠臣良将也视为"神灵"，逐渐演变成对中华民族精英的崇拜。明

| 祭礼祈福

清时期，湫神祭祀活动由地方政府亲自主持，影响深远。新中国成立后逐渐衰落，"文革"期间被迫停止，十一届三中全会以后，湫神祭祀伴随花儿赛唱，重又得到了恢复。

十八位湫神祭祀活动中要祭祀的湫神主要由历史英雄人物、神话传说人物特别是地方神话传说人物组成。湫神祭祀活动中的十八位湫神（其中男十位，女八位）依次排序为：

南川大爷（忠简公，北宋宗泽），梅川大爷（汉代忠良，东汉庞统），关里二爷（汉室佑凤，东汉庞统），王家三爷（汉代忠良，三国姜维），河北爷（汉代直臣，西汉朱云），太子爷（太子太保，北宋范仲淹），黑池爷（总督三边，明胡大海），艰难爷（兵部侍郎，明张锦），涂朱爷（唐代忠良，雷万春），大王爷（金龙大王，唐李晟），崖上阿婆（珍珠圣母，神话人物碧霞元君，全称天仙玉女碧霞元君），金火阿婆（金火圣母，地方神话传说人物），斗牛阿婆（斗牛宫主，地方神话传说人物），金花阿婆（金花圣母，地方神话传说人物），奶子阿婆（奶慈圣母，地方神话传说人物），小西路阿婆（分巡圣母，甘南康多藏家少女），透山阿婆（透山娘娘，地方神话传说人物），添炕阿婆（铁丝娘

娘，地方神话传说人物）。

湫神形体全用檀香木雕刻，肖似人形，并按易卜之礼进行装脏，脏内以燕、鹊、蛇为灵物，其源于中华文明的图腾崇拜。

湫神的主要神事功能为给雨、赐福、保平安，为地方福神。祭祀取向包含雨水、丰歉、人丁、六畜、婚嫁、生育、远行、疾患、仕宦、前程、生死、来世等人生夙愿。祈祭主要指向风调雨顺和国泰民安。

岷县民间的祭湫神活动常年进行，个体祭祀无时日禁忌，也无时辰避讳。集中或群体性祭祀按时间推进有三种形式。

第一种形式是元宵节的迎祭活动。在迎祭期间，日间庙祭，夜间巡行，按既定路线"走马路"，街区群众设案迎神、点蜡、上香、敬献祭品、鞭炮烟花迎接，湫神乘龙驹或敞篷轿，巡行受祭。城区还有龙狮舞及社火队相随。即以城区为例，从元宵夜起，连续三夜，"汉代直臣"

| 湫神巡游

| 湫神庙

朱云（河北爷）、"太子太保"范仲淹（太子爷）、"汉室佑凤"庞统（关里二爷）、"忠简公"宗泽（南川大爷）四位湫神依次出巡，路线覆盖岷县城里关外所有街区，从初夜至凌晨大放烟火，花炮连天，长街通明，万人空巷。

第二种形式是以农历五月十七日为代表的祭神庙会，自五月十五日起，连续三日，十八位湫神相聚于城南古刹（南寺），并于十七日午后，依次登上二郎山，接受公祭。三日内，以祭神赛会为依托，形成二郎山花儿盛会。整个五月份，十八湫神各按传统路线出巡，接受四乡群众祭祀，相关花儿会也有 40 处之多。

第三种形式是攒神及祈雨活动。春夏间，岷县多有旱情，冰雹频发，于是行祈雨、插牌及攒神活动并竖神幡、设牲祭。攒神时觋公着神衣、击扇鼓，婆娑起舞、念念有词。另有巡街诵经、湫池"抱水"等多种祭祀活动。

十八位湫神祭祀活动分布在岷县广大城乡，成为岷县周边地区特有的一种民间民俗活动，具有鲜明的地域特色。湫神三脏各置燕、鹊、蛇为灵物，神事活动中的血祭与击鼓跳神等可视为史前图腾崇拜的遗风，具有原始拜物教的特征，同时也流露着民间信仰的原始特征。湫神崇拜是多元文化在民俗信仰中的综合表现。在众湫神中间，女神娘娘大都与男神爷们结缘，反映了湫神被民俗化的特征。岷县民间所祭湫神中，有十位历史人物，这是人民群众自己的选择，是对有关历史人物的认可，在广大群众心目中，这些人生为忠臣良将，为国效力，死后为神，便佑护地方，为民造福。

祭祀活动由最初的图腾崇拜衍变成对中华民族精英的崇拜，以历史人物、民族精英为崇拜对象，通过高唱"岷州花儿"来从事传统的祭祀活动，客观上形成了天、地、人的和谐关系，其间保留了大量的历史文化信息，积淀了深厚的文化内涵，在民俗学研究中具有不可替代的作用。祭祀活动衍变过程中，携带了不同时代的历史文化信息，包含了当地民众生息、繁衍、发展等各种文化信息，是探究地域文化的重要资源。

岷县岷阳镇周家崖村人赵佛有，师承祖上，从事湫神祭祀的组织活动多年，对祭祀活动的各项程式仪规了如指掌，而且培养了本村的传承人多名，成为远近闻名的老艺人。由于赵佛有老人生于 20 世纪 30 年代初，年老多病，目前，生于 20 世纪 40 年代末的岷县岷阳镇东门村人袁志义，是少有的熟悉祭祀活动仪式的人。2008 年，袁志义被甘肃省文化厅公布为省级非物质文化遗产项目代表性传承人。

渭源本庙庙会

本庙隶属于甘肃省渭源县会川镇，本庙庙会因民间信仰打石岔索陀行雨龙王（简称索爷，也称索陀龙王，群众俗称福神爷）而起，主要分布在从会川本庙起直到临洮西郊，纵深约50公里的整个南川，统称三十六庙、八寨两庄、上下八牌，跨渭源、临洮两县。

本庙庙会，每年两次，一次在农历正月十五日，另一次在农历五月二十五日，以五月二十五日的庙会为最盛。除此，每年都有春祈秋报、求雨赴会等活动，是古老高原地域民间文化习俗。依信仰前来进香还愿、求签问卜的，除本县、本镇，还有漳县、岷县、卓尼、临潭、康乐、临洮、兰州、白银、天水、陇西，甚至新疆、青海、宁夏等的群众，是甘肃省中部规模最大的庙会。

龙是古代民间信仰中幻生的神异动物。早在战国时代，人们就认为龙具有升天潜水、腾云驾雾、调风降雨的神奇特征。据记载，我国汉代祈雨就已经祭龙了。佛教传入后，佛教崇拜的龙始称为龙王，是专司行云布雨的神。道教兴起后，道教中也有龙王。由于佛道两教有关龙的崇拜的传播，使民间信仰龙王的习俗逐渐扩大，并影响了全民农耕生产与日常生活，在凡有水域及水源的地方皆有龙王，龙王庙遍及全国各地。

| 庙会表演

自唐宋以来历代帝王不但下诏敕封龙王，还制定了设坛祭祀的典制。朝廷的倡导与民间信仰相结合，构成了对幻想神龙王崇拜最为普及的信仰传统。

本庙庙会正是在中华民族对龙的崇拜与信仰的基础上，与本土民间信仰的八位官神之一"打石岔索陀行雨龙王总督福神"相结合而产生，相传八位官神（常爷、金龙爷、濂洞爷、显圣爷、大郎爷、二郎爷、白马爷、索爷）为明洪武时明太祖朱元璋统一加封，《明史·礼四·诸神》有"定诸神封号""著于祀典，令有司岁时致祭"的记载，但是本庙索爷的"前行牌"载：索陀龙王为明成化二年（1466年）加封圣号，康熙六年（1667年）通行"马路"，现以正史为准，索陀龙王本庙庙会开始当在明洪武年间，距今已有600余年的历史。关于索爷的情况，传说颇多，但又众说纷纭，莫衷一是。清人吴镇在《临川阁杂咏》第九首自注中也说："俗称八位官神皆无可考，而象极诧异，以午日赛会。"其香火、法事活动以清康熙至乾隆、嘉庆为最盛。

同治之变，本庙庙宇焚于兵燹，庙会萧条冷落。光绪十九年（1893年）乡人重建庙宇，庙会得以复活。1958 年，本庙铁铸神碑及铁狮、铁钟均遭破坏，"文革"中，神像、庙宇再次遭到破坏，庙会亦被停止。改革开放以来，国内政治上发展民主，经济上实行改革，全国人民的生活逐步改善，形势急速好转，于是当地群众自发重修庙宇，重塑金身，庙会又逐步恢复，现已连续举办了 18 届。

本庙庙会，是以民间信仰为主要内容的群众性文化活动。本庙供奉的除索陀龙王，还有九天圣母和蚍蜉虫蝗、蚼蛃娘娘三位福神。在祈求风调雨顺、无旱无涝、无虫无灾、五谷丰稔、平安吉祥的过程中逐渐形成了一系列约定俗成的程序，如春祈秋报，端午赴会，求雨回水，酬神报赛等。

春祈秋报：每年从农历三月初一日开始，索陀龙王要下庙在自己的领地三十六庙、八寨两庄、上下八牌依次巡视一番，而各庙都要请法师打醮、跳神、献牲（主要是羊），举行蜡山祈福禳灾的祭祀活动，以祈求神灵庇佑。据说，如果不蜡山，就有冰雹来打田禾庄稼，因此，为防冰雹，各牌都要蜡山。春祈索爷在各庙的时间都不一样，一般最

| 吹号鸣锣开道

多是两天一夜，通常在五月二十五日结束回到本庙。

农历九月初日一到十月十五日是秋报时间。所谓秋报，就是神灵庇佑了一年的庄稼、人畜，此时庄稼已收割打碾，各庙分别要来一次酬谢神灵和庆丰收活动。这时照例烧香点蜡、献鸡献羊、请法师跳神，以示谢忱。

端午赴会：五月端阳八位官神都要到临洮河神祠聚会，河神祠迎接八位官神是临洮岁时风俗中规模最大的一次庙会，也是当地最大的狂欢节。索爷会在五月初一日下庙，五月初二日到河神祠。这一路鸣锣开道，仪仗队高举前行牌、彩旗銮驾导行，后面便是坐着明轿的索爷。八位官神齐聚河神祠后，依次列座，索爷是第八位，坐在末位。八位官神坐定后，举行会晤仪式：拜谕、掬水、斗宝、献牲醴、跳神打醮，还要唱戏三天，五月初五日中午八位官神进城参拜城隍，拜谒张进士（名万

| 山野间的庙会

纪，字舜卿，号兑溪，明嘉靖丁未进士，曾任吏部给事中，庐州知府，曾同严党作过斗争）和雍御史（名焯，字闇中，明嘉靖举人，曾任贵州道监察御史，也曾同严党作过斗争），参拜时，"会首"在备好的香案上

| 敲鼓

上香进蜡，献牲供醴，三拜九叩，照样跳神打醮，拜谒毕，八位官神在城中停留一夜，翌日各自起驾回庙。

求雨回水：求雨是适时性的一项活动。民以食为天，一年庄稼的丰歉决定着当地群众生活的好坏，所以在庄稼缺少雨水，旱象严重时，人们自然企望得到神灵的帮助。求雨时先要写好"水状"，然后在庙外摆上香案，点燃香蜡，跪在香案前宣读"水状"，读毕将"水状"焚掉，再行叩拜礼，礼毕，法师（人数不等）手执羊皮扇鼓在庙内外鼓之舞之，并口唱神曲，将索爷请出庙外，用轿子（明轿）抬着赶往打石岔祠"取水"。"取水"时参加的人都头戴柳条编的圈帽，赤脚，挽起裤脚，手捧点燃的香火，一路走去。到了祠上，用专门的取水瓶，瓶口用蜡密封好，再用细麻绳系在瓶子颈部，将取水瓶下放祠潭中，这时法师再度跳神，向神灵祈祷，等候一个时辰，将瓶子拉上来，启封验水，看伸进瓶子的香头马蹄湿了没有，湿了就说明已取上水，求到雨了。马蹄湿的多雨就多，湿的少雨就少。如果没湿就继续跳神反复祈祷，直到马蹄见湿为止。取上水后，神头捧着取水瓶，众人一行抬着索爷沿索爷的"马路"再巡视三五天，等候下雨。果有雨水降临，等下完雨再将瓶中水倒

| 庙会上的唱戏活动

回祠潭中，这叫"回水"。如果久等无雨，遂将索爷抬出庙来，放在炎炎赤日之下暴晒，直至下雨为止，形成了典型的习俗。

酬神报赛：这主要指农历正月十五日的会和农历五月二十五日的会。农历正月十五，是传统节日春节的最后一天。它既是灯节、舞龙节，又是元宵节。所以，在这一日当地各村的秧歌社火都齐集本庙，降香点蜡，进行表演，以此酬神娱神，送大年。在这项活动中各村的秧歌社火充分发挥自己的表演才艺，展开比赛，成为一种约定俗成的民间群众文艺活动和送大年活动。

五月二十五日是本庙最盛大的一次会，会期为三天，从二十四日开始到二十六日结束。为此，庙上总要提前召集各牌头目开会，安排请法师、预约剧团，置办牺醴、香蜡、纸火、鞭炮、膳食、坐匣、占卜、保安等各项事宜，并分头进行准备。三天庙会期间，接待四方香客是最繁重的一项工作，数以万计的香客摩肩接踵一齐涌向本庙，有还愿许愿的、求签问卜的，就是不还愿许愿、求签问卜，也要上些善钱，或烧一包香，或点一对蜡，不为别的，只为讨个吉祥。庙会所有开支，都来源于香客所上的善钱，从不向群众摊派索要。庙门对戏台，这三天剧团总共要唱八本戏，二十四日、二十五日早中晚各唱三本，二十六日唱两本，剧团上演吸引了众多的戏迷和秦腔爱好者。这三天，早中晚几乎场场爆满，名义上是为了酬神娱神，实际上极大地丰富了群众的文化娱乐生活，满足了群众精神生活的需要。二十六日下午开始跳神，跳神前，先要做好纸火（经幡）、设案搭坛、备好香蜡牲醴等等，然后开始跳神打醮，其程序为：开纸、升幡、述传、请索爷、请亡魂、祭护神、卧龙。此间经幡飘动，烛火通明，香烟缭绕，师公（法师）们头顶五方神牌，身着青衣青裤，一边不停地敲打着羊皮扇鼓，一边摇晃着鼓柄上的铁环，发出有节奏的哐哐声，同时唱着高亢欢愉的神曲。跳到卧龙时，跳神暂告一段落。到了晚上点灯时分，跳神继续进行。这一次的程序是：起龙、上饭、上香、进蜡、玦愿、带兵（扎签）、送瘟、回神。其中带兵保留了上古巫术中牲祭和人祭的遗风。带兵（扎签）是师公将竹签（或钢签）扎在自己的两腮上，或臂膀上。肉上扎签要流血，这正隐含了以血代替人生命的意思，这也是随着社会的进步，宗教"好生戒杀"主张的影响给祭祀跳神带来的一种变革。

| 扎签

本庙庙会是临洮南部山川和会川镇一带以信仰索爷为核心的多神信仰空间，带有多民族（藏、汉、回族）杂居融合的文化特征，体现人们祈福消灾，祈求人寿年丰、吉祥平安、和谐共处的心愿，也带有高

| 庙会用品

原地域文化的特征。临洮南部山川和会川镇一带属陇中黄土高原，海拔在 2060 米—3941 米，气候寒冷、阴湿，自然灾害频繁，人口稀疏，人们不但渴望得到神灵的庇佑，同时也渴望摆脱地域偏僻带来的孤独，通过庙会能够聚会与交流。

在庙会跳神的司鼓（法师）属于神教的范畴，在庙会的祭祀活动中，往往需要时才请，庙会要付一定的报酬。司鼓的传承带有氏族性，代代世袭，与庙会的传承不属同一谱系。本庙历来有庙祝，本庙的庙祝既是组织和领导庙会的会长，也是庙会主要的传承者。庙祝即会长，由各牌民主选举产生。现在的会长是年逾八旬的赵思礼。

| 赵思礼老人

毛兰木法会

毛兰木法会即夏河拉卜楞寺正月法会，毛兰木法会藏语意为"祈愿大法会"。拉卜楞寺毛兰木法会源于1407年宗喀巴大师在拉萨举办的祈愿法会，第二世嘉木样久美昂吾（1728—1792年）时流传至拉卜楞寺。法会自正月初三日晚起，到正月十七日止，历时十五天。法会期间，要举行僧侣们诵经祈福，祈愿佛祖保佑众生平安吉祥，向诸佛、菩萨献供，祈求佛法常驻人间，用舞蹈的形式劝善惩恶等一系列宗教佛事活动。拉卜楞寺毛兰木法会在国内外享有一定的知名度，每逢法会期间，除了各藏族寺院的僧侣前来参加，拉卜楞寺周围及甘南、青海、西藏、四川及全国乃至世界上其他国家的朝拜者都会远道而来，其隆重、神秘的法事活动也吸引了众多的旅游者。法会举办时人山人海，场面极为壮观。2011

| 法会现场人山人海

| 隆重的仪式

年，毛兰木法会被甘肃省人民政府公布为省级非物质文化遗产名录项目。

举行法会，是藏传佛教拉卜楞寺宗教活动重要表现形式，比较大型的法会有正月的毛兰木法会、二月法会、七月的登月柔扎法会以及燃灯节。其中以正月毛兰木法会最为隆重，规模最大。法会的中心内容是祈愿佛法昌盛，众生风调雨顺、四季平安。

在法会期间，每天僧众都要在闻思学院大经堂内聚会六次，诵经六

| 法会现场

次。正月祈愿大法会期间，除报考"然坚巴"和"多仁巴"学位的待考僧进行应试外，还要举行几项活动。

正月初八日的放生节：即将牲畜

放生祭献给财神之意。这项活动在图丹颇章院内举行。按惯例，院子正西悬挂着一幅神像，像前摆着一壶奶，一壶茶，右边摆放着 12 个盘子，里面装着核桃水果等，在台阶下面拴着即将放生的马、牛、羊等。院子正东台阶上，跏趺坐着 6 个僧人，吹着法号，敲着锣鼓，念诵着《招财经》。同时有 9 名童了翩翩起舞，表现僧徒们给自己师长伐薪拾柴的情景。马、牛、羊等在耳边系上五彩绸带后被放走，这叫"放生"。凡是被放生的马、牛、羊均被视为属于财神的"神马""神牛""神羊"，谁也不得猎取。在场有 7 名佩刀持械的卫士，其中 1 僧 6 俗，象征着最早定居在拉卜楞一带的他们的先祖（可能是指卡加六族的先祖，再加拉卜楞寺代表，共 7 人）。当天下午，总执法司向来自各地的香客和当地市民群众宣布他的职权范围和在法会期间各界应遵守的治安等有关事项，即告结束。

正月十三日的晒佛节，也称晾佛节：每年此时将巨大的刺绣释迦牟尼或阿弥陀佛或宗喀巴大师绣像露天展出。一般在中午前举行，先由总

| 晒佛像

法台率领各昂欠代表和寺内所有僧官到拉卜楞寺南山麓举行晒佛仪式。再由"花身土地"为前导，边跳边舞，"狮虎欢跃"，大法台遂率僧众列队入场，齐声诵经，颂赞佛陀功德。群众无不肃然，默默念诵，祈祷平安，最后由总法台率领返寺。

正月十四日的恰木钦，意为法舞：法舞大会在大经堂前面的广场进行，法舞表演在四世班禅时兴起于后藏扎什伦布寺，后传到拉卜楞寺，由时轮学院主办，后来慢慢演变为全寺的活动。参加舞蹈的僧人30人左右，乐队20余人。舞蹈时，舞者头戴面具，主角为死神的法王，还有化装成的查事鬼、戴角的鹿和牦牛等使者。在乐队伴奏下，先将放置在场中心的人形"郎卡"焚毁后投进油锅，就算把妖魔鬼邪镇压了，最后由大法王率领舞者和僧众将"多日玛"送至寺郊焚烧完毕，意为预祝一年平安吉祥。

｜法舞大会

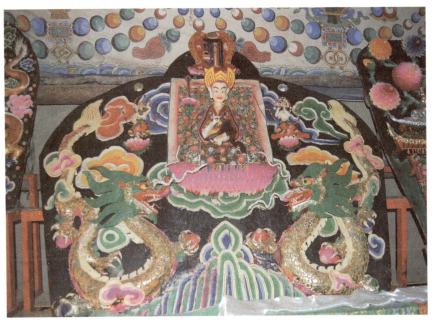

| 法会工艺作品

　　根据教徒信仰的宗教的说法，凡是参加这类法会的，无论是舞蹈者，或是念经者、旁观者，都会在香巴拉王降临时被任用，也都会得到一种加持和福利，即死后免于轮入六道。在法舞中，人们把宁玛派黑帽法师作为扮演的主角，是因为他们相信黑帽法师有巨大无边的法力，借此法力，可以铲除万恶之源的贪、嗔、痴。这种想象，充分反映了一种宗教文化的心理特质。

　　正月十五日夜的酥油花灯会：除闻思学院13个学级每个班制作一架酥油花外，其余五大学院及各大昂欠也需各制作一架。酥油花是用酥油为原料，塑造的各种佛像、人物、飞禽走兽、花卉树木等藏族特有的塑作工艺品，成品柔软细腻，色泽柔和，形态逼真，细致精巧，因此深受当地藏族人民的喜爱。

　　正月十六日转香巴：为纪念未来佛，意为转弥勒。这一天，僧人们

| 法会仪式

抬着一尊弥勒佛在戴面具的童子和乐队伴奏的陪伴下，由大经堂走出，绕寺一周，表示释迦牟尼五千年教法当有五佛治世。因为弥勒佛在众佛中，是代表未来的，大批信徒触像领灌，祈愿未来幸福图。

举行正月祈愿法会，其意义在于纪念释迦牟尼用神力降服外道，正月初一日到初八日，释迦在外道面前故作失败，初九日到初十五日，便大显神通，降服了一个个外道，有的外道入火被焚，有的入水被溺，有的堕入悬崖，外道终结后，佛光普照了全世界。借此宣扬佛法无边，威力无限，同时祈愿众生平安吉祥。

作为一种宗教活动和仪式，毛兰木法会是在寺院内部传承的，其分工、职责也是由寺院内部管理决定的。在各司其职的法会活动过程中有出色的舞蹈者、杰出的酥油花塑作者。作为一项非物质文化遗产的承载者，我们只能从文化、艺术的角度去评判他们的技能，而无法用宗教的意识和原则去评判毛兰木法会这一完全的宗教仪式的传承。

青苗会

　　青苗会的具体组织村社是岷县锁龙乡的十个自然村即锁龙五会：一会严家、林畔，二会后家、山庄，三会潘家寨、赵家，四会买家、拔那，五会锁龙、古素。习惯上人们称前三会为上三会，后两会为下两会，而活动的参加者包括物资交流的人员在内，主要有岷县东山区5个乡镇，武山县、礼县的部分乡镇。岷县锁龙青苗会是居住在锁龙地区的人们在长期农耕生活中形成的以娱神、娱人为内容，以庙会神灵祭祀活动为载体，包含有历史、宗教、民俗、商贸等诸多文化内容的传统民间文化活动。2008年，青苗会被甘肃省人民政府公布为省级非物质文化遗产名录项目。2014年，青苗会被国务院公布为国家级非物质文化遗产名录项目。

　　相传供奉于锁龙月楼滩庙里的两位善神九天圣母京华娘娘、九天圣母京皇娘娘都是锁龙乡人，她们都出生在明成化年间（公元1465年），据说两位娘娘都到出嫁年龄，因不满家里指定的婚姻，离家出走，最后在锁龙的梳发台显神，成为锁龙五大会的两位善神，恩泽锁龙五大会百姓，人们因此每年都举行独特的庙会活动。

　　青苗会的角色组成主要有：

| 青苗会"抬娘娘"

九天圣母京华娘娘（大娘娘）：青苗会本庙（月楼滩庙）的两位善神之一；

九天圣母京皇娘娘（二娘娘）：青苗会本庙（月楼滩庙）的两位善神之一；

大老爷：侍奉大娘娘的大水头也叫大老爷（在上三会六个村庄中产生），年龄必须在40岁以上，其家庭是儿女孝顺，妇人贤良，家道赢人，经济宽裕的男主人；

二老爷：侍奉二娘娘的二水头也叫二老爷（主要在下两会四个村庄中产生），年龄必须在40岁以上，家庭状况同大老爷；

伞客（2人）：为二位娘娘打伞之人，其选拔条件与大老爷相同；

锣客（2人）：为二位娘娘鸣锣开道之人，其选拔条件与大老爷相同；

会长：青苗会的总负责人，主要协调部分资金及活动组织；

师家：青苗会活动的主持人；

二陪官：上一年的大老爷、二老爷到今年上升为二陪官三陪官；

三陪官：上一年的二陪官到今年上升为三陪官；

四陪官：上一年的三陪官到今年上升为四陪官；

老友：大老爷、二老爷到第五年上升为老友，指二位娘娘的老朋友。

每年的农历四月初八日，当五大会的所有庄稼都耕种结束的时候，上届青苗会的所有成员都要到月楼滩庙里去上香敬神，并祭北风，祈求普降喜雨，同时最重要的一项活动就是要在大家的商议之下把今年的大老爷、二老爷、二位锣客、二位伞客选出来，选出之后由青苗会长负责通知，如因经济等各方面原因，本人不同意担任，则在五月端午节这一天由青苗会组成人员重选。正式的庙会从每年农历六月初一日开始，这一天，由两个（上三会选一个，下两会选一个）新当选的大老爷、二老爷、锣客、伞客以及青苗会的其他成员在月楼滩庙佛像前向两位娘娘通报今年新当选的大老爷、二老爷、锣客、伞客。并向佛爷逐一通报："某某村的某某人鞍马齐备，家道赢人，给娘娘抱一季灵水。"然后，在月楼滩总庙二位娘娘的正殿搭好新床，返回本村，由会长、老友负责，为大老爷、二老爷、锣客、伞客在他们各自的家里设置神位，同时在摆放神位的上房一侧为大老爷、二老爷、锣客，伞客搭设新床。这一天，大老爷、二老爷、锣客、伞客完全按新郎官的装束，由里到外换一身全新的衣服（其外套是黑色绸缎长袍和黑呢礼帽），一套全新的有大红喜字的铺盖，同时有新置的茶具、酒杯、吃饭用具等供新人使用。

新选的大老爷、二老爷、锣客、伞客净手和净身（用木香薰手、薰身）后，由老友主持敬神，并陪侍两位娘娘保佑全村人等，百事如意、万事亨通，保佑严川子（锁龙五大会的统称）百姓风调雨顺、国泰民安。礼毕，大老爷、二老爷、锣客、伞客由老友扶上床，是为坐床，从此，大老爷、二老爷、锣客、伞客在各自家里新搭的床上穿上全新的衣服，坐在床上，不准说一句话，由专人负责这些新人的衣食住行，

| 大老爷、二老爷与锣客

| 仪式的队伍

新人方便时，不能与其他人共用一个厕所，每一次方便的位置都不能重复，晚上休息时，自己用一套新被褥，睡在左边（男左），留一床新被褥铺在右边虚置，铺盖上大红的双喜字渲染出热闹的婚庆场面。

到六月初六日，大老爷、二老爷、锣客、伞客、陪官、老友着一色的黑缎长袍，新毡礼帽，并骑上一色的高头大马，鸣锣开道到月楼滩庙集中，由青苗会长、师家主持，向二位娘娘献祭羊一只，同时祭北风，祭雷神，这一天庙前的戏台开始唱秦腔大戏祝贺（从初六日至初十一日），然后各自返家。从六月初七开始，大老爷、二老爷、锣客、伞客家由新人自己出资备上宴席，全村的亲邻好友，按正规的婚宴喜事依照当地的习俗拿上被面、毛毯、喜幛等各色礼品及鞭炮前来恭贺，打礼上席。恭贺要持续到六月初八日，初八日这一天，还有一项重要活动，就是献祭羊活动：首先大老爷、锣客、伞客、陪官、老友在青苗会长家集中，由老友陪侍，将全村人集资购买的羊敬献给娘娘，献毕后在青苗会长家上席，席毕，到大老爷家敬献大老爷为娘娘准备的祭羊，到此，宴庆活动结束。晚上大老爷、二老爷、锣客、伞客依然坐床陪伴娘娘。据老友说，虽然大老爷、二老爷、锣客、伞客家都准备了床铺，但是二位娘娘要看谁的内心虔诚才到谁家，不一定到大老爷、二老爷家过夜，因此，大老爷、二老爷、二位锣客、二位伞客都要积极为娘娘准备，以最虔敬的心，表示对二位娘娘的诚意，只有这样，才能赢得娘娘的欢心，赐福五大会的黎民百姓。

农历六月初九日早晨6点钟，大老爷、二老爷、二位伞客、二位锣客家里一片忙碌，吃过早饭，敬过神后，家人分头准备。大家将大老爷、二老爷、二位锣客、二位伞客所骑马匹披红挂绿装扮一新，并将为庙会上准备的菜肴放在笼床里，把近几天亲邻恭贺的礼品全部装上车（用于在庙上展示），提前出发送往月楼滩庙，然后由四位年轻人将大老爷、二老爷、二位锣客、二位伞客分别扶上马，一路鸣锣送到月楼滩庙，在庙中集合，待大老爷、二老爷、二位锣客、二位伞客全部到齐后，就开始用大老爷、二老爷新准备的铺盖在供奉二位娘娘的庙里由家人为二位老爷及二位陪官铺床，以便准备在抱回圣水后坐庙。

接下来就是隆重的抱水仪式。大老爷、二老爷、二位锣客、二位伞客、二陪官、三陪官、四陪官、所有健在的老友、青苗会长、师家及抬轿的小伙、打旗的小伙、打伞的小伙、拉马坠镫的小伙等50多人全部到齐后，用八抬大轿抬上二位娘娘，大老爷、二老爷、二位锣客、二位伞客、老友、会长着一色的礼帽长袍，骑一色的高头大马，旗手在前，二位娘娘的轿子紧跟，一色的马队，庄严的锣声营造神秘庄严的气氛，取水的队伍起驾出巡。取水的路线有严格的规定：从月楼滩庙出发到后门梁头歇马，经严家村上房陈林家（娘娘的娘家门）到后家村二歇马，到娘娘的取水祠，每到一处，都由老友主持祭祀二位娘娘，并敬酒、敬茶，敬献由小茶盅预先压出的干糌粑（干炒面），祈求二位娘娘保佑四乡的庄稼风调雨顺，这一圈巡行下来大约有3公里的路程，沿途百姓鸣炮上香，好不热闹。大老爷、二老爷身上背着用红绿两条彩绸缎（名曰达福）包裹的灵物（二位娘娘的净水瓶）。取水的地方叫娘娘祠，六月的娘娘祠气候宜人，风光秀丽，前面是一片开阔的草地，开满了鲜花，背后是一片平缓的有三个台阶的簸箕状的山梁，山冈上的松树林形成一片神秘的屏障。当所有祭祀求水的队伍到达娘娘祠那一片开阔的草地后，首先将二位娘娘坐北朝南安顿好，然后由大老爷、二老爷、二位锣客、二位伞客、老友、青苗会长等，在师家的主持下祭祀二位娘娘，陪侍二位娘娘。然后大老爷、二老爷、二位锣客、二位伞客、二陪官、三陪官等换上清一色的新水靴，准备上山取水，上山时，打锣的打锣，打伞的打伞，大老爷、二老爷由二陪官、三陪官扶上前往娘娘祠取水，其他人等与二位娘娘待在原地不动。到达三寨子时，取水仪式正式开始，

| 参与取水仪式的人们

首先铺上新毡，由二位老爷坐定，二陪官、三陪官坐在二位老爷身后，取水的任务是由老友分头进行的，取水地点分别栽植两棵杨柳树，取水过程属青苗会的秘籍，不能随便让人知晓，待

| 取水祭拜

水取出后，二位老友用铜锣抬上二位老爷敬献给二位娘娘的祭羊头，然后进行交换仪式，至此为二位娘娘的取水活动达到高潮。这时，由二位老友将二位老爷的祭羊分发给所有参与取水的人员，祭羊肉吃罢后，二位老爷要更换衣服，将原来的黑袍礼帽更换为蓝袍缠头，并用达福将取来的灵水拴在二位老爷的身前，是为"抱水"，然后由老友为二位老爷及参与活动的所有人员折下松树枝，插在头上，这就是取到灵水的标志。接下来，由师家主持，大老爷、二老爷、二位锣客、二位伞客要在三重山门（三个寨子处）前举行庄重的拜灵水仪式。

拜水时大老爷、二老爷由二陪官相陪，面朝山下，三陪官、四陪官在对面连磕三个长头以拜灵水，三次拜水仪式结束后，就回到二位娘娘落轿处，并在二位娘娘的轿上插上松树枝。然后"报告"二位娘娘水已取到，这时大老爷、二老爷、锣客、伞客、陪官人等将水靴更换为原来的布鞋，然后又对二位娘娘进行祭拜，结束后，所有人员依次列队陪伴二位娘娘直达月楼滩神庙，这时月楼滩神庙已是人山人海，沿途更是鞭炮齐鸣，庆祝二位老爷为二位娘娘取来灵水。二位老爷的家人在门前燃放两长杆子鞭炮，迎接二位娘娘及取水的队伍，待二位娘娘安置在庙里后，二位陪官分别护送二位老爷进入神庙，然后将取来的净水瓶摆放在

| 二老爷等在庙中过夜

二位娘娘的神位前。二位老爷宽衣解带，由二位赔官服侍坐在庙里的新床上休息，抽烟，饮茶。由师家主持进行隆重的拜五方仪式，大老爷、二老爷、二陪官、三陪官服侍站在一排，面朝南磕三个长头跪拜，再面朝北磕三个长头跪拜，然后大老爷、二陪官和二老爷、三陪官分别相对，各朝东西交叉磕三个长头跪拜，最后交换位置进行跪拜。拜五方活动结束后，大老爷、二老爷由二陪官、三陪官搀扶到庙中床上休息，之后二位老爷及二位陪官老友人等在山门与娘娘一块看戏，与民同乐。晚上，大老爷、二老爷、二陪官、三陪官、锣客、伞客相伴在庙中坐庙过夜。

坐庙活动要持续到六月十一日，这几天，就是整个庙会最热闹的时候，一方面人们上庙敬香，一方面庙会所有组成人员陪二位娘娘看戏娱乐，看戏时二位老爷还要赏赐唱戏的演职人员。到六月十二日上午10时许，二位老爷坐车，背上灵水与庙会所有组成人员前往二位娘娘的取水祠，将取回的水放回原处，是为"回水"。"回水"结束后，二位老爷的家人拆掉庙里及家里的床铺，坐床坐庙仪式正式结束。

六月十三日，庙会所有组成人员全部在月楼滩庙集中，由一位老友书写一篇祭文，报告焦山总督和八海龙王，说今年的二位老爷已为二位娘娘举行了隆重的取水仪式，二位神灵可以将他们造册管理，二位老爷代表二位娘娘肩负着掌管百姓田苗的大事，是为"神文"。农历六月十七日，所有庙会组成人员重新在月楼滩庙会集中敬神，然后正式宣布二位老爷被焦山总督和八海龙王造册管理的"文件"，是为"讨文"。至此，二位老爷名正言顺地成为二位娘娘为百姓赐福的代言人，月楼滩青苗会的全部活动宣告结束。在重大节庆日，如八月十五日、除夕、大年初一日、正月十五日等，青苗会的所有组成人员都要到月楼滩庙祭祀二位娘娘，向二位娘娘报告庄稼的长势及一年的收成。

青苗会每年从农历六月初六日开始，到六月十三日结束，包括坐床、求水、坐庙、讨文等，都按固定的时间和固定的路线进行，是岷县锁龙乡人民在长期的农耕生活中形成的一种独具特色的文化形式，具有广泛的群众性和代代相传的连续传承性。它不同于一般的民间祭祀活动，其独特的人神沟通方式，充满了神灵祭祀中最富有人性化的一面。青苗会每年为二位娘娘选定的大老爷、二老爷、锣客、伞客等在各自家里完全按办喜事的方式举行坐床仪式，不但形式独特，而且为这些村庄的村民搭建了一个相互沟通、增进交流的平台。

作为一种古老的神灵祭祀方式，青苗会携带着许多农耕文明古老的文化信息，锁龙乡属山区和半山区，长期以来，人们的传统耕作方式主要是靠天吃饭，由于地处高寒阴湿地区，每年农历五、六月份，这里的山野变绿，庄稼正是拔节抽苗的大好季节，因此对禾苗的长势，人们自然就将其委托给能够主

| 护送仪式

宰自然的神灵来掌管。锁龙月楼滩庙里的二位善神在人们心中就具有无边的神力。而为二位娘娘选出能够替神灵办事并能服侍二位娘娘的大老爷、二老爷等，则更具有人间的喜剧色彩，使神秘的神灵祭祀方式更加人性化，充满了人间的烟火味，这可以说是锁龙乡人民智慧的结晶。青苗会用极其具体的世俗化的方式膜拜水神，有别于其他形式的不论是自然宗教还是神学宗教的祭祀形式，这种典范性可能在全国都是独一无二的，非常值得挖掘整理并使之永久性地传承下去。青苗会庄严而神圣的取水仪式，表达了农耕文明中人们对水的崇拜。每年参与人员角色的转换，成为青苗会代代相传的最有效的方式，它的全民参与性，成为相对封闭的农村里最佳的娱乐方式。青苗会传统的着装打扮，也为服饰文化的研究保留了一份珍贵的传统服饰艺术资料。

按照庙会规定，青苗会的大老爷、二老爷、大陪官、二陪官、三陪官、四陪官、老友、伞客、锣客、青苗会长、师家等都按严格的程序选定，特别是大老爷、二老爷的人选必须是年龄在 40 岁以上，家庭是儿女孝顺、妇人贤良、家道赢人、经济宽裕的中年男子，每年选中的大老爷、二老爷都必须是从未担任过青苗会角色的"新身子"。因此，锁龙五大会十个自然村，担任过青苗会角色的在世的民间艺人，其中有代表性的大约有 30 人左右，这些人一经参与，如果没有特别情况（如身体原因或有急事外出等）将每年参与青苗会的祭祀活动。其传承以口传心授方式代代相传。

在岷县锁龙乡，各庄都有熟悉、组织、操办青苗会的人，主要有：岷县锁龙乡赵家庄人严怀明；岷县锁龙乡赵家庄人严国彬；岷县锁龙乡买家庄人陈志贤。他们都是村中德高望重的深受群众爱戴的老艺人，年龄最小的也 60 岁了。他们不但组织青苗会的办会仪式，而且参与各村的村务管理，对构建村落和谐起着重要作用。

庄浪高抬社火

　　早在原始社会就有"腊祭"之俗。腊尽春来，人们杀猪宰羊祭祀天地和祖先。为表达愉悦的心情，人们用朱砂涂脸，鸟翼装饰，又跳又唱进行庆贺，是为最早的社火。庄浪高抬社火历史悠久，源远流长，内容丰富，风格独特，具有很高的艺术价值，是一份珍贵的民间文化遗产，在陇原大地享有盛名。清人李斗在《扬州画舫录·卷九》中记载："立春前一日，太守迎春于城东蕃厘观，令官妓扮社火。"清乾隆《庄浪志

| 庄浪高抬社火

略·风俗》载："立春之先日，迎土牛、扮戏彩，以导芒神，士女竞观。"随着时代的发展，庄浪高抬社火的内容也不断充实和创新，彩车、秧歌、腰鼓、花束队以及武术等新的社火正逐渐成为当今庄浪高抬社火的特色。2006 年，庄浪高抬社火被甘肃省人民政府公布为省级非物质文化遗产名录项目。2008 年，庄浪高抬社火被国务院公布为国家级非物质文化遗产名录项目。

庄浪高抬社火起源于古代的庙会活动。社火大体可分为地面社火和高抬社火两大类，日场以高抬、马社火、高跷等为主，夜场以曲艺、旱船等地面社火为主，高抬社火多在白天演出。

庄浪高抬社火的表演集中在春节期间，一般从正月初五日闹"五穷"开始，直到二月初二日"龙抬头"春耕开始时结束。在固定日期，各乡镇村社或机关单位扮演社火去同一地"迎神"祭祀，进行表演比赛。各乡镇会在不同地点、不同时间内有多次社火赛会或表演。其中，阵容宏大，参与演出人数最多的要数庄浪县水洛城（县城所在地）正月

| 社火赛会

| 制作巧妙的高抬

十二日所表演的高抬社火。这天四里八乡的社火进城表演，四面八方的观众如潮涌向街头观看。传统的演出是为了纪念宋代刘沪将军保护水洛城人民的事迹。后来由于社火规模逐年扩大，内容逐渐更新，淡化了祈神祭祀的作用，突出了娱乐功能。

每年春节，正值农闲，庄浪的人民群众都要集结起来耍社火，喜庆新春佳节，预祝来年五谷丰登、六畜兴旺、无病无灾、生活美满，久而久之，即成习俗。随着时代与社会的进步发展，社火的内容也不断充实，形式也不断更新，彩车、秧歌、腰鼓、花束队以及武术等新的社火正逐渐成为庄浪高抬社火的现代特色。

庄浪高抬社火所演绎的内容主要来自神话传说、历史事件、生活故事三个方面。具体什么内容往往和演出载体及演员水平紧密地联系在一起。《水漫金山》《盗草》《哪吒闹海》《劈山救母》《嫦娥奔月》等表现惊险场面的故事是庄浪高抬经常演绎的内容。参演人物一般2至3

人，最多至 8 个角色联为一组，分别固定在 4 至 4.5 米高的钢筋架顶端，数十人抬将起来，缓缓走动。经过精心化装的剧中人，巧妙而牢固地附在高抬上，飘飘然凌空展现，大有从天而降之势，有的飞燕凌空，有的天女散花，有的白鹤亮翅，以离奇、玄妙、惊险、优美取胜。其高，其险，往往看得人惊心动魄。用作道具的纸花、纸草、假山、假树、假羊、假牛、假鹤、假凤、假虎、假龙等，五彩纷呈，栩栩如生。它是民间社火中最为富丽堂皇的艺术设计的形式，它强大的感染力在于设计奇巧，道具夸张，人物装扮俊美，表演情节惊险。

庄浪高抬社火的设计是决定它艺术魅力的关键所在。设计者先将构思好的场景画在纸上，再用铁芯子串联图纸中的各主要部分，称为高架。架体分芯子和底座两部分，芯子即支撑人物、道具的钢筋，之所以叫芯子，是取"信赖可靠"之意。钢筋直径一般 5 至 7 厘米，下部两根可并焊在一起，增加负荷量。底座由方木做成，一是芯子可以插得深、栽得稳，二是有相当的重量。高抬的设计不是行家里手绝对不能胜任，设计者应用力学原理，在对称中求稳定，以奇险取胜。尤其是庄浪县朱店镇的高抬，设计大胆、奇特，令人叫绝。1986 年朱店镇董湾村上演的《三打白骨精》，孙悟空凌空俯冲，双手抡起金箍棒，白骨精持剑招架。金箍棒和交叉的剑相粘，仅这一丁点儿粘连，就把孙悟空全身支撑悬挂在空中，表现了庄浪高抬奇、险、俊、峭的艺术特色。

| 社火队伍

庄浪高抬社火的装扮要求非常严格，以巧妙、惊险、艳丽为上乘。服装要崭

| 巧妙

新、合体，色彩要鲜艳、对比强烈，以求为冬日北方春节期间较暗淡的大自然增添亮丽的色彩。庄浪县水洛镇的高抬，人物面部化妆干净、俊美，扎绑周正、平稳，服饰华丽、新颖，装饰精细、逼真。高抬演员一般选择体格健康、年龄小、长相好、身段苗条的男女小孩充当，他们虽然不唱，仅保持造型姿态，但经过玄妙设计，精心装扮，更显得俊秀可爱。

庄浪高抬从制作到表演结束，形成了"三三制"。

制作时"三不惜"：不惜人力、不惜财力、不惜脑力，不分昼夜。

表演时"三层海"：下层"人海"、中层"花海"、上层"烟海"。

结束时"三多"：街上炮皮子多、家家客人多、进城的"夜社火"多，形成了庄浪高抬社火的鲜明特色。

近几年来，庄浪高抬社火结合时代发展，在形式和内容上不断创新，表现出持久的生命力和活态承传性。从演绎内容上看，不但有历史人物、神话故事，也有现代的题材，比如反映改革开放带来巨大变化的内容，像科技兴国、高效农业、计划生育等，使社火的宣传教育作用得到充分发挥。

| 惊险

| 社火车

从表演形式上看，不再是单纯的"车故事""马故事"和"地故事"，增添了秧歌、舞蹈、小戏、腰鼓等表演形式，使社火成为融戏剧、歌舞、武术、造型等于一体的综合艺术表演，艺术水平较以前更高，参与的人数更多，场面更宏大，更显得有时代气息。

从社火的装载工具上看，随着农业机械的发展，把抬芯子变成了车芯子，即由人抬改为拖拉机、汽车拉。牛车、骡车、骡、马、驴已退出社火领地，取而代之以汽车、摩托车等机动车辆，行动灵活方便，气势更加雄伟。从伴奏乐器上看，传统的锣鼓不再是唯一的伴奏器乐，社火队还用上了现代音响设备，有的还引入了西洋鼓号，使社火的气氛更加热烈。

庄浪高抬社火代表了历史悠久的庄浪社火的最高艺术成就，是节日庄浪群众文化的重要组成部分，具有很高的艺术性和观赏性，是一份珍贵的民间文化遗产。庄浪高台社火表演在一些重要节会活动中多次获奖，1993 年 5 月第二届平凉崆峒旅游节开幕式上，水洛镇东关村的《吴道子点睛》、西关村的《天女散花》，水洛乡何马村的《金鸡报春》，朱店镇董湾村的《八仙过海》、贾沟村的《拾金镯》、东关村的《打焦赞》、中街村的《三打白骨精》、西关村的《鸡叫一声生三子》纷纷亮相，令观看的群众赞不绝口，良邑乡良邑村的《药王治龙》节目，得到了大赛组委会的高度评价，被评为一等奖。

生于 20 世纪 40 年代中期的王曦地老先生，20 世纪 50 年代当他还是一个儿童的时候，在春节社火期间就被装扮在高抬上表演，后跟随本街的高抬艺人李度学习高抬制作技艺。王曦地多才多艺，懂美术，古建彩绘、唱大戏、制作高抬，样样在行。并且将他掌握的技艺传授给陈亮、陈永亮、白银君、韩志俊等人，徒弟们走出庄浪，到平凉、兰州、宁夏等地承做的高抬受到一致好评，使庄浪高抬誉满陇上。2008 年，王曦地、陈亮被甘肃省文化厅公布为省级非物质文化遗产名录项目代表性传承人。

麦积高抬

高抬起源于原始社会的"腊祭"，麦积高抬受伏羲文化的影响，具有民俗祭祀性质，而且受陇东南秦腔艺术的影响，粗犷大气，具有明显的地域特征。麦积高抬规模宏大，集粗犷与精巧于一体，显示出了麦积深厚的历史人文背景。麦积高抬主要分布在天水麦积区的甘泉镇、马跑泉镇、花牛镇、社棠镇、伯阳镇及道北办事处等十几个乡、镇、办事处，具有广泛的群众基础。2011年，麦积高抬被甘肃省人民政府公布为省级非物质文化遗产名录项目。

麦积高抬历史悠久，同时受伏羲文化、先秦文化及西路秦腔的影响，在服饰、化装、

| 麦积高抬

| 高抬社火车

表演内容上都别具一格。前人以这种形式祭祀神灵，祈福求安，经过数百年的演化，高抬逐渐成为群众节日娱乐活动的主要形式之一。旧时的高抬多以"社"为单位进行比赛、斗玩，现在则以乡、镇、自然村为单位进行表演。《麦积区志》记载，麦积高抬兴起于清同治初年，起初流行于甘泉、马跑泉一带，而后逐渐扩散并流行于周边相邻的乡、镇。麦积高抬最兴盛时，当在清末至民国期间。1925 年，甘泉"李能人"和铁匠"柳悬人"设计制作的高抬《盗仙草》和《刘全进瓜》参加陇南镇守使孔繁锦在县城（今天水秦州区）举办的社火表演赛，获得第一名。中华人民共和国成立初期，由于各级人民政府倡导，农村出现社火演出高潮。"文化大革命"开始后，高抬被列为"四旧"而遭禁演。1979年后，高抬表演活动陆续恢复，并被赋予了新的内容和形式，视觉冲击力更强，规模进一步扩大，每年麦积区政府组织进行会演，观众达 10

| 选料

| 制作

万人以上。

　　麦积高抬的制作流程主要有以下几步。

　　绘图、焊接：先根据故事情节及所用道具在桌面或地上进行绘图，形成样稿，后按成稿图样用事先准备好的曲形钢筋焊接成框架雏形。然后将所用主钢筋焊接在拖拉机上（旧时将主钢筋穿过方桌正中凿成的孔，插入方桌底部固定的石磨眼中），最后焊接芯子（芯子即稳定扮演故事情节人物的脚踏物），一般分为单芯子和双芯子，并将芯子焊接在主钢筋上。

　　装饰：将焊接成型的钢筋骨架用绵纸缠裹，上面涂刷需要用的颜色进行装饰，并根据情况做旧。另将焊接而成的框架用色布扎糊，用石质颜料绘出具体图像，再安装在主钢筋上，周围饰以山石、树木、鸟兽、器物、苔藓、云头等什物。

扮演人物的造型化装：人物造型根据具体故事情节，可随意创作，使之艺术化、玄妙化。人物化装采用秦腔化装形式，涂脂抹粉，脸谱表现在粗犷中带有几分细致，服饰多以戏剧服装、自制服装为主。

绑扎：将扮演人物（一般为6岁以下儿童）绑扎到芯子上，应松紧适度，全凭老艺人经验。

最后在拖拉机头上装上木匾，上写故事名称。至此，高抬制作完毕。

麦积高抬表现内容主要是取自古典小说、古典戏剧、神话传说精彩片段等，尤以群众喜闻乐见的《三国演义》《西游记》《封神演义》等小说及地域特色鲜明的伏羲、女娲开天辟地的神话传说为主要内容。近年来，又以计划生育、植树造林、退耕还林、航天科技、经济改革、工业成就为内容，推陈出新，发展出新式的高抬造型，融传统为一体，体现出新时期物质、精神双文明的成果。

高抬是一门综合性民间艺术，它集戏剧、彩绘、扎糊、造型诸多技艺于一体，在有限的空间，营造出令人无限遐想的艺术效果，精彩奇妙，令人过目不忘。高抬一般选取古代戏剧、古典小说、神话传说中的某个著名

| 社火高台试验

情节进行创造构思，选出 2 至 4 个人物进行造型，动静结合，隽永传神，真假相乱，浑然一体，形象美观。高抬是注重扎制、彩绘的民间艺术，以民间塑匠、纸花匠、画匠、木匠、戏剧行家为主，各行家里手通力合作共同制作完成，可谓诸艺荟萃。高抬具有险、巧、精、绝的视觉冲击力，四面皆可观赏，艺术效果十分突出，它是综合性的空间造型艺术，而且内容丰富，不拘一格，各种题材均可表现。

麦积高抬装饰精美、情节生动，令人赏心悦目，具有陶冶性情、传播传统文化的作用。高抬的内容大多为抑恶扬善，歌颂真、善、美，贬斥假、恶、丑，以潜移默化的方式对普通民众进行品德教育，具有持久、生动的教化功用，对促进社会的和谐稳定具有特殊的作用。

麦积高抬作为一门综合性艺术，是戏剧行当、木匠、塑匠等不同门类融会贯通的艺术，尤其是在制作方面需要高超的技艺。麦积区的张居义、王守业在多年参与高抬的组织、制作、表演中积累了丰富的经验。张居义擅长组装高抬及高抬脸谱绘制，王守业擅长高抬道具的制作，尤擅长高抬铁芯焊接工艺。2011 年，张居义、王守业被甘肃省文化厅公布为省级非物质文化遗产项目代表性传承人。

甘肃民俗——生产民俗

　　生产活动是人类最基本的实践活动，人们通过生产活动解决衣食。中国自古以来就是农业大国，农业生产是中国人最主要的谋食手段。大的农业包括林业、牧业、捕鱼、狩猎等，伴随这些生产活动产生的各种习俗，如生产中形成的技术、仪式、信仰等都属于生产民俗，其间的技术代表了当时生产力的发展状况，代表了一定的科学水平，而那些仪式、信仰则代表生产者的心理特征。兰州"天把式"就是在社会生产中在有关梨树的种植、采果等生产环节中形成的技术，皋兰的旱田压砂也是人们为了适应当地干旱少雨、土地贫瘠的自然条件而发明的耕作技术。裕固族剪马鬃习俗则表现出裕固族牧民在逐水草而居的游牧生活中对他们的交通工具的关爱，表现裕固族人民与自然和谐共处的心理特征。

裕固族剪马鬃

剪马鬃是裕固族民族民俗文化的重要组成部分和缩影，其包含了裕固族社会生产和原始信仰方面的内容和活动，形式活泼、特色鲜明、独具风格，是裕固族生产习俗的重要组成部分。2008 年，裕固族剪马鬃被甘肃省人民政府公布为省级非物质文化遗产名录项目。

由于裕固族先民过着游牧生活，马是他们的主要交通工具，也是他们的伙伴和朋友。裕固人非常重视剪马鬃仪式，剪马鬃往往会像给少年行成人礼一样受到普遍重视。

在每年的农历四月中旬裕固族人要择日为满周岁的小马驹剪鬃。届时主人要准备酥油、奶茶、青稞酒、手扒肉等食品及剪马鬃用的剪刀、盘子，盘子里有用炒面疙瘩垒成的 5 至 7 层小塔，炒面塔周围由酥油塔固定，分别表示中心与四面八方，剪刀把上

| 裕固族剪马鬃

系有吉祥的白色哈达。

剪鬃仪式上，主人邀请客人中有经验的牧人执剪。执剪人一边剪马鬃，一边说唱"剪鬃祝福词"，先在马驹鬃毛上抹酥油，剪一撮献给神龛，其余的剪完后放起来备用。一人不能全部剪光，要留给其他客人依次剪。剪下的头一绺鬃毛，由负责剪的人亲自送进帐篷，敬献给"毛神"，祈求"毛神"保佑，然后其他客人依次都要剪一点马鬃，并祝福主人的小马驹健康成长，祈求主人家风调雨顺、生活富足。给主人家所有满周岁的马驹剪完后，主人盛情邀请客人进帐篷入席宴饮，客人则热情赞扬主人治家有方，牲畜兴旺。宴毕，主人要骑上刚剪过鬃的小马驹，到草原上接受牧户们的祝贺。

在漫长的历史发展过程中，裕固族的生活、生产方式及宗教信仰随着时代的变迁几经演变，他们从过去的纯游牧生活演变为现在的以牧为主兼营少量农业的生活。藏传佛教虽已成为裕固族的主要信仰，但仍保

| 剪马鬃

留很多原始萨满教的痕迹。也正是受这种特殊的历史文化和宗教文化的影响，使裕固族的一些生产习俗充分体现了这一民族的精神追求和文化内涵，反映了裕固族的特殊生活环境和生产方式，也反映了裕固族质朴的民族性格，复杂的宗教信仰，以及对保护动物、爱惜与自己息息相关的事物的纯真感情世界。历史上裕固族多以牧为主，逐水草而居，虽受周边汉、藏、蒙等兄弟民族的影响，但仍

| 剪马鬃

以本民族传统文化为主体，形成了多种文化相融合的多元文化特点。裕固族人勇敢、豪放、热情，善骑射。马，对他们来说不仅仅是坐骑，更是生活、生产中离不开的朋友，因此他们爱马如子，视剪马鬃和小孩剃头一样重要。充分反映了其民族文化心理具有包容精神、开放精神和热爱生活的特点，也表现出他们保护生态的良好意识。

　　裕固族剪马鬃习俗是该民族生活环境、生产方式、经济发展状况的生动写照，不仅反映了裕固族的历史文化，还反映了裕固族的传统习俗。裕固族剪马鬃习俗中包含的审美情趣和原始崇拜隐喻着很深的文化背景，客观上符合生存环境，主观上满足了裕固族人对美好生活的愿望

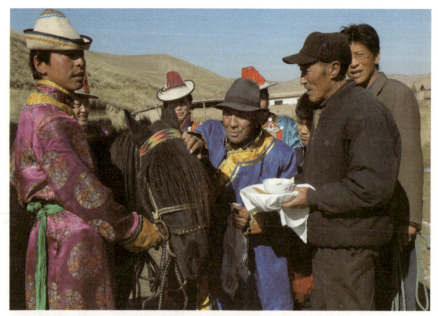

| 剪马鬃

和追求美的心理需求，这种综合的意识形态和客观需求在裕固族剪马鬃活动中得以充分表现，是裕固族文化研究的重要组成部分。裕固族剪马鬃习俗有许多与生活生产习俗、宗教信仰、动物崇拜等相关的禁忌和规范，反映了一个民族的社会规则，具有较高的历史文化研究价值。

　　裕固族牧民杜占贵了解剪马鬃的主要仪式和祝福词的诵说，是目前剪马鬃仪式的主要主持者。

兰州"天把式"

　　兰州"天把式"技艺是随着梨树的种植，人们通过生产实践总结的一种梨园管护技艺，主要流传于皋兰县的什川镇、石洞镇、中心乡、忠和镇等梨树种植广泛的地区。2008 年，兰州"天把式"被甘肃省人民政府公布为省级非物质文化遗产名录项目。

　　皋兰"天把式"技艺以什川为最高代表。《金县新志稿》载，明弘治八年（公元 1495 年）重建什川堡，占地约 40 亩。自此，堡中之人，开始广种梨树，在历经几百年的梨园管护经验积累、梨树种植方法创新的过程中，形成集种植、整形修剪、吊枝、采果、杀虫等一系列具有一定科学价值的"天把式"技艺。

　　兰州"天把式"技艺包含以下几方面的内容。

　　种植：在兰州地

| 兰州天把式

｜ "天把式"作业

区，人们经过长时间的实践总结出，梨树的种植以行距约 8 米、株距约 6 米、每亩种植约 12 棵到 13 棵为宜。

整形修剪：梨树因其枝繁叶茂，其整形修剪以通风透光、中空外扩为基本原则，如此才能将每棵梨树修整得梳密有序、错落有致。

吊枝（盘树）：将一直径约 20 厘米的略高于梨树的笔直松木长竿立于树冠中心，高于树冠几米，紧紧捆绑在梨树主干上，长竿顶端系长度可达梨树任意枝节的细绳数十条，在梨树挂果时节，将细绳下端分别捆绑在挂果较多的树杆上，起到稳固树枝、防止梨树枝因挂果过多而造成枝短和因风大而造成果落。如此装置以后，整棵梨树远远看起来好像一个个巨大的降落伞。

采果：将云梯置于梨树下，果农顺云梯攀爬而上，熟练地在树上采摘，身轻似燕，如履平地，穿梭于半空的梨树间，是摘果一大奇观，常

| 采果

令观者叹为观止。

杀虫：花期时人们用长竿敲打树枝，将枝上的害虫震动下来；在树干底的周围堆上一圈圆锥形的细沙，害虫从沙圈向上爬时，沙粒向下滚落，害虫便滑落下来，无法爬上梨树作害。

兰州"天把式"技艺有鲜明的行业特征，是典型的农业生产过程中形成的民俗。兰州"天把式"工具设计巧妙，是梨园管理劳作中最省时省力有效的劳作方法，看似简单，但精巧实用。兰州"天把式"技艺是勤劳的果农在生产过程中的重大发明创造，是将"三角形稳固原理"结合到生产生活中的具体体现，是农业生产先进经验的积累和结晶，更是梨园管理劳作中的创举。它有较强的科学性和实用性，为梨园管护劳作减少了许多困难，增加了梨树的产量。在皋兰什川有万亩 100 年至 300 年的梨园，不仅是"天把式"技艺不断发展的见证，更是天把式技艺发挥作用的结果。正是因为有"天把式"这样天才的科学的发明创造，才创造了梨树生长的奇迹，这些有几百年历史的果园，不但给当地人民带来了经济收益和生活保障，在当地曾有"一亩园，十亩田"的说法，为改善广大群众的生活条件起到积极的作用，而且具有有较高的观赏价值。如今，皋兰什川梨园已然成为兰州人民旅游休闲的绝佳去处，"天把式"技艺功不可没，并且与万亩梨园兴荣与共。

旱田压砂

　　兰州旱田压砂技术是皋兰县的石洞、西岔、黑石、什川、中心等乡镇的广大农民为改变地域干旱，改良土地石头较多、土壤贫瘠而创造的通过压砂为土地保墒的一种技术、一种生产方式和民俗。

　　旱田压砂是勤劳智慧的皋兰人民，在同大自然的艰苦搏斗中，在恶劣的自然条件、艰苦的生活环境中创造的抵御干旱，为田地保墒增产的一种农业技术方法。当地人民群众充分认识了本地的气候、生产条件以后发明了这种独特的抗旱方式。关于这一技术的来源，在当地流传着这样的民间说法："要问砂田旧来源，话要说到康熙年，只因当时连年旱，百草无籽人受难，有位农民忽发现，苗苗长在鼠洞前，洞前有砂铺地面，砂下土地湿不干，来年铺砂试种田，但见奇效在眼前，一人

| 旱田压砂

传十十传百，铺压砂田渐开展，代代考察代代试，确是旱作好经验。"旱地压砂技术被发明后，立即在干旱地区得到推广，其中尤以皋兰等地最为普遍。

　　砂田的分类，按砂石种类分为五种，即井砂、洼砂、沟砂、河砂、岩砂；按铺砂薄厚程度分为两种，即大砂和小砂。大砂一般厚5寸至6寸，地表面砂石大如拳头，中层砂石大小如核桃，接土层则是细砂。大砂适合于山坡旱地铺压，工程量大，铺压费工力，但使用期较长，一般为三四十年，正如民谚所说："苦父饱子，孙子饿死。"小砂砂层较薄，一般为3寸至4寸，与大砂比，使用期短，主要适应于播种瓜类、蔬菜、棉花；按能否灌溉分为旱砂和水砂。旱砂田主要分布在离水源远或近岸高坡地，有效使用期30年左右。一般都是粗放耕种，广种薄收。水砂田主要分布在川水地区，砂粒较小，砂层薄，有效使用期一般为4

| 压砂

至 5 年，作物栽培以蔬菜、瓜类为主，多为精耕细作，注重效益；按时效可分为新砂和老砂。砂石与土壤混合的为老砂，新砂则不与土壤混合。

这种农业技术中主要使用的工具是木制工

| 压砂

具，形似现代方形铁锹，宽 30 至 40 厘米，长 40 至 50 厘米，或者用民间铁匠打制的厚重而笨拙的铁锹，宽 30 厘米左右，长 40 至 50 厘米。还有刮板，为长 60 厘米左右、宽 40 厘米左右的铁板，上方装一倒"人"字形木柄。

兰州旱田压砂技术有 300 多年的历史，是兰州人民与干旱抗争的历史见证，是农耕社会的缩影，是农业生产先进经验的积累和结晶，更是农田管理劳作中的创举，对于研究西北地区农耕社会的生产发展以及民俗风情等具有重要的参考价值。

兰州旱田压砂技术为本地及周边的广大农民在解决温饱的实际困难中发挥了巨大作用，有较大的社会影响力，是当地生产力水平的历史见证。

后　记

　　就像我在前言中说到的一样，我只是一个普通的文化工作者，偶然的机会，有幸参与到非物质文化遗产的保护工作中，从此与非物质文化遗产深深结缘。一路走来，它早已超越一般意义上的世俗羁绊，牢固地构筑起我生命中的灵魂故乡和精神家园。

　　我热爱它，为它全心付出。它也以其宽广的胸怀和丰富的内涵包容和滋养着我，丰盈了我的人文修养，拓宽了我的学术视野。"非物质文化遗产丛书"是它赠予我的最丰厚回报。但是，这回报，不属于我一个人，它应该属于甘肃全体"非遗"人。柯杨老师评价它为"陇原非物质文化遗产保护工作的丰碑"。如果是丰碑，一定是属于全省"非遗"人尤其是工作在一线的基层"非遗"人的丰碑。

　　在丛书的编写过程中，参考了各非遗保护单位的名录申报文本，因为涉及的单位很多，不便在参考文献中一一列出，故在此一并致谢。感谢提供了相关图片的各级非遗中心和个人。要特别感谢马庆禄、段西义、张宝明、王莹、李锋、王国庆、裴康吉、张海霞、雷永珍、龚伟、尹利宝、王国胜、苏武天、张北辰、季旭才、彭巨彦、钟莉、马光云、章文儒、李生云、姚子峰、袁靖等许许多多我的同行们，他们不但和我携手走过非遗保护的十年历程，在整套丛书的编写过程中，也给予我极大的帮助。我遇到非遗方面的相关问题会随时向他们请教，需要的照片，每次电话打过去，他们总是想办法在第一时间传给我，感谢！整套丛书中还采用了许多属于个人的图片，无法将作者一一列出，在此，深深地表示歉意、敬意和谢意！

感谢柯杨、郝苏民、马自祥、王正强、尕藏才旦、王光普、李恩春、华杰、杨鸣键等前辈多年来给予我工作和学术上的指导。特别感谢柯杨老师对本套丛书的编写提出了宝贵的指导意见，还特为本套丛书作了序言。感谢郝苏民老师多次让我参与到他的博士生的民俗学、人类学田野调查课题中，使我获益匪浅。"非物质文化遗产丛书"在出版和编辑过程中，得到了甘肃教育出版社王光辉社长的大力支持，他可以说是本书得以出版的伯乐，副社长薛英昭在丛书体例、内容、书名等方面做了精心策划，付出了心血。项目负责人也是《多彩风情——甘肃民俗》的责任编辑牛文斌付出了艰辛劳动，除了对书稿文字做了修改，为图片做了图注，还就整套丛书的编写进度等事宜多次与我沟通、交流。曾在我单位实习半年的原兰大文学院研究生（现执教于河南商城高级中学）陈功农、兰大文学院研究生张路在丛书编写过程中为资料的搜集整理做了大量工作。因为同样对非物质文化遗产的热爱，在丛书编写过程中陈功农提出了许多中肯的意见，还参与了《土风歌谣——甘肃民间文学》的编写。对他们的辛勤劳动及他们对我的支持鼓励，在这里一并表示衷心的感谢！

因为整套丛书涉及的专业门类很多，包括民间文学、民间美术、传统音乐、传统舞蹈、传统戏剧曲艺、传统技艺、传统医药、民俗……能力所限，无法将这些门类及各项目以更专业的视角去解读和阐释，只能站在非遗工作者的角度，以非物质文化遗产的基本视野，对甘肃非物质文化遗产资源进行梳理，对这些遗产的保护传承现状作一些记录和粗浅的探讨。书中疏漏和错误一定很多，请各位读者多多批评指正。

在《多彩风情——甘肃民俗》即将付梓之际，感谢马自祥老师用钢笔一笔一画饱含鼓励为本书作序。感谢兰州市非遗中心、肃南裕固族文化研究中心、天祝县藏语编译室、岷县非遗中心、舟曲县文化馆等所有项目相关单位提供的资料和图片。感谢庆阳市非物质文化遗产办公室提供封面照片。

封尘

2014 年 12 月于兰州

参考文献

1. 王文章.非物质文化遗产概论.北京：文化艺术出版社，2006。

2. 中国艺术研究院、中国非物质文化遗产保护中心编.中国非物质文化遗产普查手册.北京：文化出版社，2007。

3. 苑利，顾军.非物质文化遗产学.北京：高等教育出版社，2009。

4. 钟敬文.民俗学概论.上海：上海文艺出版社，1998。

5. 武文.中国民俗大系—甘肃民俗.兰州：甘肃人民出版社，2004。

6. 黄能馥，乔巧玲.衣冠天下：中国服装图史.北京：中华书局，2009。

7. 戴珩.人文遗韵.南京：南京师范大学出版社，2007。

8. 谢艳春，封尘.远古的记忆.兰州：甘肃民族出版社，2008。

9. 杨子兴.人文定西·民俗风情.兰州：甘肃文化出版社，2007。

10. 赵高伦.悠悠陇上情.兰州：甘肃民族出版社，1996。

11. 谭蝉雪.盛世遗风——敦煌的民俗.兰州：甘肃教育出版社，2008。

12. 李建荣.传承的力量.银川：宁夏人民出版社，2007。

13. 马如基，韩小平.河州风情.兰州：甘肃人民出版社，1992。

14. 中国艺术研究院，中国非物质文化遗产保护中心.中国非物质文化遗产.北京：文化艺术出版社，2007。

15. 宗喀·漾正刚布.卓尼生态文化.兰州：甘肃民族出版社，2008。

16. 赵昌荣.天水古代建筑.西安：陕西人民美术出版社，2010。

17. 冯骥才.中国民间文化遗产抢救工程普查手册.北京：高等教育出版社，2003。

18. 迈尔苏目，马世仁.在田野中发现历史——保安族历史与文化研究.北京：中国社会科学出版社，2008。

19. 敦煌文物研究所.敦煌艺术宝库.台湾：地球出版社，1977。

20. 季羡林.敦煌大辞典.上海：上海辞书出版社，1998。

21. 闵文义.略论甘肃舟曲非物质文化遗产及其保护途径.北方民族大学学报，2012（6）。

22. 宋兆麟，高可.中国民族民俗文物大词典.太原：山西人民出版社，2004。

23. 刘波.中国民间艺术大词典.北京：文化艺术出版社，2006。

24. 任耕耘.传统节日.合肥：黄山出版社，2007。

25. 高占祥.中国民族节日大全.北京：知识出版社，1993。

26. 孙适民.湖湘民俗文化.江西：江西人民出版社，1999。

27. 王娟.民俗学概论.北京：北京大学出版社，2002。

28. 赵养廷.陇原物华.北京：人民日报出版社，1988。

29. 郝苏民.抢救保护非物质文化遗产：西北各民族在行动.北京：民族出版社，2006。

30. 尹伟先，杨富学，魏孔明.甘肃通史：隋唐五代卷.兰州：甘肃人民出版社，2009。

31. 赵向群.甘肃通史：魏晋南北朝卷.兰州：甘肃人民出版社，2008。

32. 甘肃省地方史志编辑委员会.甘肃省志第三十五卷：轻纺工业、二轻.兰州：甘肃文化出版社，1995。

33. 雷海峰，王钊.西和乞巧风俗志.兰州：甘肃人民出版社，2007。

34. 高天星.中国节日民俗文化.郑州：中原农民出版社，2008。